主 编
王克瑞

编 委（按姓氏笔画排列）
王 锋 王宴青 邬纯芳 李宗达 陆 洋 陈 红 赵 飞 郭海霞 梁刚建

青少年语言表演艺术

朗诵表演系列第9级

全国青少年语言表演艺术测评中心 编

中国传媒大学出版社
·北京·

前 言

语言艺术，非一日之功，绝非高强度冲刺便能速成的。当下的家长圈里流行一种论调："孩子学习成绩不好，就走艺术专业吧。"在这种被逼上梁山的无奈之下学习语言艺术，多少带有一些沉重的功利色彩。

蔡元培先生提出的"美育"的力量呢？先生说："我们提倡美育，便是使人类能在音乐、雕刻、图画、文学里又找见他们遗失的情感。我们在听了一支歌，看了一张画、一件雕刻，或者读了一首诗、一篇文章以后，常会有一种说不出的感觉；四周的空气会变得更温柔，眼前的对象会变得更甜蜜，似乎觉到自己在这个世界上有一种伟大的使命。这种使命不仅仅是要使人人有饭吃，有衣裳穿，有房子住，它同时还要使人人能在保持生存以外，还能去享受人生。知道了享受人生的乐趣，同时更知道了人生的可爱，人与人的感情便不期然而然地更加浓厚起来。"先生的话，至今让我们感同身受，语言艺术是最好的审美，应该像先生所说，敦重乐教，发挥美育的力量。

语言艺术，口耳之学，离不开长期熏陶，且一定要坚持中外文化经典的熏陶。我们看到一些语言训练教材内容过于低龄化、养分少，低估了这些"小大人"，止于游戏之乐，人文营养不良，语言艺术空心化、同质化，导致这些"小大人"无论朗诵还是主持，都学着大人的腔调，没有了独特感受，没有了孩子味儿。我们希望做到的是：从5岁到14岁，在"童蒙养正，少年立志"的最佳成长阶段，让语言艺术感化他们，使他们练就童子功、打好底子。

古文是中文的根基，尤其是古文经典，布局严谨、行文简洁、气韵生动、文采斐然、思想隽永。比如，《道德经》作为"内圣外王"之学，被誉为"万经之王"，深刻影响着中国的哲学、科学、政治、宗教，是除了《圣经》之外，被译成外国文字发行量最大的世界文化名著。《逍遥游》语言节奏明快、便读易记、气势磅礴、铿锵有力、想象丰富、意境开阔，对其声音、句式、辞格等进行语言研究的人络绎不绝。在这套丛书里，我们要求孩子们朗读这些古文经典，而不强求背诵，将其穿插在表演、游戏、动画配音等环节里，较为轻松。我们相信：读书百遍，其义自见。让这些古文经典印刻在孩子们的童年里，它们总有一天会萌芽、成长。我们从中外传统经典名篇中精挑细选一小段，作为引子，希望孩子们下课之后主动去寻找这些书籍，希望听到他们翻阅经典、朗读经典的声音。我们相信，孩子从小受到经典文化浸染，立身为人，必然出口不凡。

语言艺术从来就不是孤立的，它因为新闻属性而有了新闻播报与评论、现场报道等不同表达形式；它因为文化属性而有了朗诵、表演、演讲、主持等不同表现形态。字正腔圆、口齿清晰、嘴皮利索是基本功，这很重要，因此在本套教材前两册里，这项基本功训练占了三分之一的课时。到中高级进阶阶段，更多的篇幅放在了语言功力的培养上。正如张颂先生所言，语言功力是语言的功底和能力,应该包括观察力、理解力、感受力、思辨力、表现力、回馈力、调检力、鉴赏力这八大功力。

本套教材设计了动物模仿、音乐感受、无实物表演、油画描述解读、新闻现场观察等环节,采用朗诵、表演、配音、演讲、播报、评论等多种形式,让学生去理解、思辨、鉴赏与表达。引导学生聆听经典朗诵、影视配音、鉴赏油画和海报等,力求做到鉴赏与表达互补。在新闻现场,让学生自己去观察、分析,确定选题目标,自拍新闻照片,开展现场报道。教材还采用当下最流行的PBL项目式学习(Project-based Learning),在关注"共享单车""低头族""中国式过马路"等现象的学习中,学生会更加清晰地面对真实社会的实际问题去独立思考:为什么我要关注这个问题?哪些是需要重点关注的对象?这不仅仅是与真实世界建立联系,更重要的是提出真实的问题,而这些真实的问题往往没有标准答案。教师将带领学生自制节目,开分享会,邀请学生、家长和专业人士作为第一观众一起思考、提出建议。观众惊讶的表情是最让人心潮澎湃的,这让学生自然而然地重视分享。在愉快分享的同时,培养学生听取反馈、学会反思的好习惯。我们认为,语言理性与感性的审美培育,才是语言艺术教育的真正出路。

我们坚持从娃娃抓起,力求教材内容专业而有趣。教师与家长、学生积极互动,让学生以踮起脚尖够一树苹果的姿态,愉快参与播音主持考级和朗诵表演考级。依托专业思路,每一阶段设定不同的目标,我们希望告诉每一位家长,考级不是最终目的。从娃娃抓起,却不让孩子继续做自己,不是我们的目的。我们的目的是:引导孩子分享思想、表达感受,让他们在清澈的眼睛里映照出这个世界最初的样子,在幼小的心灵里播种未来人生的第一个梦想。

我们寻找每一位"手持戒尺、眼中有光"的老师。每一个孩子都是可爱的,有鲜活的思想、天使般的心境,有超越现实的想象力和创造力,只有在生命美丽的时候,世界才是美丽的。每一个孩子的语言原本就是干净、美好的,犹如一件宝物放在你眼前,有的人看中的是经济价值,无法摆脱对材质、名款等世俗标准的盲从,而真正的师者,会以审美的眼光,手执戒尺,让宝贝绽放艺术之光辉。

工作之余还能有闲暇去做人,有闲暇去做人的工作,便是幸福。我们编著的教材就是这样,不拘一格,宽严相济,期盼孩子们通过这些有趣的训练项目,也有闲暇去发挥他们的智慧与才能。用如此心态审视,他们将会发现语言艺术世界充满美好、光明。在我们看来,这便是童子功的培养。

中央电视台资深导演 邬纯芳

2017年12月

扫一扫，
获取在线数字资源

第九级

第九级训练目的 / 002

第一课 / 003

一、形体语言表达训练 / 003

　　闲聊快速波尔卡 / 003

二、情声气结合训练——朗读《道德经》/ 004

　　第一章 / 004

　　第二章 / 005

三、朗诵训练 / 006

　　塞纳河岸的早晨 / 006

第二课 / 008

一、形体语言表达训练 / 008

　　辛德勒的名单 / 008

二、情声气结合训练——朗读《道德经》/ 009

　　第三章 / 009

　　第四章 / 010

三、朗诵训练 / 011

　　故都的秋（节选）/ 011

第三课 / 015

一、形体语言表达训练 / 015

　　十面埋伏 / 015

二、情声气结合训练——朗读《道德经》/ 016

　　第五章 / 016

　　第六章 / 017

　　第七章 / 017

三、朗诵训练 / 018

　　对岸 / 018

第四课 / 020

一、形体语言表达训练 / 020

　　口哨与小狗 / 020

二、情声气结合训练——朗读《道德经》/ 021

　　第八章 / 021

　　第九章 / 022

三、朗诵训练 / 022

　　匆匆 / 022

第五课 / 025

一、形体语言表达训练 / 025

　　如歌的行板 / 025

二、情声气结合训练——朗读《道德经》/ 026

　　第十章 / 026

　　第十一章 / 027

三、朗诵训练 / 028

　　在天晴了的时候 / 028

第六课 / 030

一、形体语言表达训练 / 030

　　长亭怨慢 / 030

二、情声气结合训练——朗读《道德经》/ 031

　　第十二章 / 031

　　第十三章 / 032

三、朗诵训练 / 033

　　热爱生命 / 033

第七课 / 035

一、形体语言表达训练 / 035

　　c小调第五交响曲 / 035

二、情声气结合训练——朗读《道德经》/036

　　第十四章 / 036

　　第十五章 / 037

三、朗诵训练 / 038

　　秋天的怀念 / 038

第八课 / 041

一、形体语言表达训练 / 041

　　Betrayal Voices / 041

二、情声气结合训练——朗读《道德经》/042

　　第十六章 / 042

　　第十七章 / 043

三、朗诵训练 / 044

　　最苦与最乐 / 044

第九课 / 047

一、形体语言表达训练 / 047

　　爱之梦 / 047

二、情声气结合训练——朗读《道德经》/048

　　第十八章 / 048

　　第十九章 / 048

三、朗诵训练 / 049

　　晚秋初冬 / 049

第十课 / 052

一、形体语言表达训练 / 052

　　降B小调第一钢琴协奏曲作品23第一乐章 / 052

二、情声气结合训练——朗读《道德经》/053

　　第二十章 / 053

　　第二十一章 / 054

三、朗诵训练 / 055

　　我的伊豆 / 055

第十一课 / 059

一、形体语言表达训练 / 059

　　埃尔加大提琴协奏曲 / 059

二、情声气结合训练——朗读《道德经》/060

　　第二十二章 / 060

　　第二十三章 / 061

三、朗诵训练 / 062

　　迟暮 / 062

第十二课 / 065

一、形体语言表达训练 / 065

　　Dark Phoenix's Tragedy / 065

二、情声气结合训练——朗读《道德经》/065

第二十四章 / 065

第二十五章 / 066

三、朗诵训练 / 067

说和做——记闻一多先生言行片段 / 067

第十三课 / 071

一、形体语言表达训练 / 071

乱红 / 071

二、情声气结合训练——朗读《道德经》/072

第二十六章 / 072

第二十七章 / 073

三、朗诵训练 / 074

你是人间的四月天 / 074

第十四课 / 076

一、形体语言表达训练 / 076

骷髅之舞 / 076

二、情声气结合训练——朗读《道德经》/077

第二十八章 / 077

第二十九章 / 078

三、朗诵训练 / 079

雪夜 / 079

第十五课 / 081

一、形体语言表达训练 / 081

第九"自新大陆"交响曲第四乐章 / 081

二、情声气结合训练——朗读《道德经》/082

第三十章 / 082

第三十一章 / 083

三、朗诵训练 / 083

未选择的路 / 083

第十六课 / 086

一、形体语言表达训练 / 086

手纸 / 086

二、情声气结合训练——朗读《道德经》/087

第三十二章 / 087

第三十三章 / 088

三、朗诵训练 / 089

珍珠鸟 / 089

第十七课 / 092

一、形体语言表达训练 / 092

渔樵问答 / 092

二、情声气结合训练——朗读《道德经》/093

第三十四章 / 093

第三十五章 / 094

三、朗诵训练 / 095

第一场雪 / 095

第十八课 / 097

一、形体语言表达训练 / 097

拉德斯基进行曲 / 097

二、情声气结合训练——朗读《道德经》/098

第三十六章 / 098

第三十七章 / 098

三、朗诵训练 / 099

热爱生命 / 099

测评内容与要求 / 101

后记 / 102

第九级

第九级训练目的

● 形体语言表达训练目的

音乐能够表达人们的情感,也可以影响人们的情绪。通过欣赏不同类型的音乐,让学生感受每种音乐所带来的不同的情绪,同时在节奏变化中设计场景,通过肢体语言来表达听到音乐后的情绪变化。

● 情声气结合训练目的

1. 通过情声气结合训练,使学生能够在播读稿件时更加细腻地把握文稿,传情达意。

2. 通过朗读《道德经》体会哲学思想,感受宇宙天地万物之奥妙的总门——道。

● 朗诵训练目的

通过散文朗诵训练,使学生能够较为准确地运用标准普通话和发声技巧,把握文章基调,再现作品描绘的人物形象、环境气氛,用有声语言传递文字魅力。

第一课

一、形体语言表达训练

训练内容

听音乐，感受音乐中的情绪，进行形体表达。

参考曲目：小约翰·施特劳斯《闲聊快速波尔卡》

形体训练：开心、高兴地跟随音乐节奏进行即兴形体表达。

训练提示

1. 学生跟随音乐的节奏变化做动作。

2. 可先通过即兴舞蹈来带动学生情绪,再设计场景,进行即兴小品表演。

二、情声气结合训练——朗读《道德经》

训练内容

第一章

道可道,非常道;名可名,非常名。无,名天地之始;有,名万物之母①。故常无,欲以观其妙;常有,欲以观其徼②。此两者,同出而异名,同谓之玄。玄之又玄,众妙之门。

【注释】①母:母体,根源。②徼(jiào):边际、边界,引申为端倪的意思。

【译文】"道"是可以用言语来表述的,但它不是永恒存在的一般的"道";"名"也是可以用文辞来命名的,但它不是普通的"名"。"无"可以用来表述天地混沌未开之际的状况;而"有",则指宇宙万物产生之本原。因此,要常从"无"中去观察领悟"道"的奥妙;要常从"有"中去观察体会"道"的端倪。"无"与"有"这两者,来源相同而名称相异,都可以称为玄妙、深远。它不是一般的玄妙、深奥,而是玄妙又玄妙、深远又深远,是宇宙天地万物之奥妙的总门(从"有名"的奥妙到达"无形"的奥妙,"道"是洞悉一切奥妙变化的门径)。

第二章

天下皆知美之为美,斯恶已①;皆知善之为善,斯②不善已。故有无相生,难易相成,长短相形③,高下相倾④,音声⑤相和,前后相随,恒也。是以圣人处无为之事,行不言之教;万物作⑥而弗始,生而弗有,为而弗恃,功成而弗居。夫唯弗居,是以不去。

【注释】①恶已:恶,指丑。已,通"矣"。②斯:这。③形:此指通过比较、对照显现出来。④倾:侧,依靠。⑤音声:汉代郑玄为《礼记·乐记》作注时说,合奏出的乐音叫作"音",单一发出的音响叫作"声"。⑥作:兴起、发生、创造。

【译文】天下人都知道美之所以为美,是由于有丑陋的存在;都知道善之所以为善,是因为有恶的存在。所以有和无互相转化,难和易互相形成,长和短互相显现,高和下互相依靠,音与声互相和谐,前和后互相接随,这是永恒的现象。因此圣人用无为的观点对待世事,用不言的方式施行教化;听任万物自然兴起而不首倡,生养万物而不占有，有所施为而不倚仗，功成业就而不自居。正因为不居功，所以无所谓失去。

三、朗诵训练

塞纳河岸的早晨

〔法〕安纳托尔·法朗士

在给景物披上无限温情的淡灰色的清晨，我喜欢从窗口眺望塞纳河和它的两岸。

我见过那不勒斯海湾的明净的蓝天，但我们巴黎的天空更加活跃、更加亲切、更加蕴蓄。它像人们的眼睛，懂得微笑、愤慨、悲伤和欢乐。此刻的阳光照耀着城内为生计忙碌的居民和牲畜。

对岸，圣尼古拉港的强者①忙着从船上卸下牛角，而站在跳板上的搬运工轻快地传递着糖块，把货物装进船舱里。北岸，梧桐树下排列着出租马车和马匹，它们把头埋在饲料袋里，平静地咀嚼着燕麦；而车夫们站在酒店的柜台前喝酒，一面用眼角窥伺着可能出现的早起的顾客。

旧书商把他们的书箱安放在岸边的护墙上。这些善良的精神商人长年累月生活在露天里，任风儿吹拂他们的长衫。经过风雨、霜雪、烟雾和烈日的磨炼，他们变得好像大教堂的古老雕像。他们都是我的朋友。每当我从他们的书籍前走过，都能发现一两本我需要的书，一两本我在别处找不到的书。

---

① 指装卸工人。

一阵风刮起了街心的尘土、有叶翼的梧桐籽和从马嘴里漏下的干草末。别人对这飞扬的尘土可能毫无感触，可是它使我忆起了我在童年时代凝视过的同样的情景，使我这个老巴黎人的灵魂为之激动。我面前是何等宏伟的图景：状如顶针的凯旋门、光荣的塞纳河和河上的桥梁、蒂伊勒里宫的椴树、好像雕镂的珍品的文艺复兴时代的卢浮宫、最远处的夏约岗；右边新桥方向是令人肃然起敬的古老的巴黎，它的塔楼和高耸的尖屋顶。这一切就是我的生命，就是我自己。要是没有这些以我的思想的无数细微变化反映在我身上、激励我、赐我活力的东西，我也就不存在了。因此，我以无限的深情热爱巴黎。

然而，我厌倦了。我觉得生活在一座思想如此活跃，并且教会我思想和敦促我不断思想的城市里，人们是无法休息的。在这些不断撩拨我的好奇心、使它疲惫但又永远不能使它满足的书堆里，怎么能够不亢奋、激动呢？

训练提示

安纳托尔·法朗士（1844—1924），法国著名作家。主要作品有《西尔维斯特·波纳尔的罪行》《现代史话》《企鹅岛》《在白石上》等。1921年加入法国共产党，同年获诺贝尔文学奖。

朗诵时要注意对不同场景的远近、高低、动静做出声音层次的变化，同时体会作者由实及虚，跨越时空，抒发自己的爱国主义情感时对这片土地深深的眷恋。

一、形体语言表达训练

听音乐，感受音乐情绪，进行肢体表达。

参考曲目：电影《辛德勒的名单》的主题曲 *Theme from Schindler's List*

形体训练：失望、悲沉地跟随音乐节奏进行即兴形体表达。

1. 联系二战背景，谈谈你对战争的认识，体会战争带给人们的痛苦。

2. 根据不同的悲伤程度进行形体语言的表达，留意内心情绪的调动。

3. 不必拘泥于战争带来的悲痛，结合个人经历，通过形体表达出内心的矛盾和悲伤。

二、情声气结合训练——朗读《道德经》

第三章

不尚贤①，使民不争；不贵②难得之货③，使民不为盗④；不见⑤可欲，使民心不乱。是以圣人之治，虚其心⑥，实其腹,弱其志⑦，强其骨。常使民无知无欲，使夫智者不敢为也。为无为，则无不治⑧。

【注释】①尚，即崇尚、尊崇。贤，有德行、有才能的人。②贵：重视，珍贵。③货：财物。④盗：窃取财物。⑤见（xiàn）：通"现"，出现、显露。此处是显示、炫耀的意思。⑥虚其心：虚，空虚。心，古人以为心主思维，此指思想、头脑。虚其心，使他们心里空虚，无思无欲。⑦弱其志：消磨他们的志气，削弱他们竞争的意图。⑧治：治理，此处指通过治理使得天下太平。

【译文】不推崇有才德的人，以使老百姓不互相争夺；不珍爱难得的财物，以使老百姓不去偷窃；不炫耀能引起人们贪心的事物，以使民心不被迷乱。因此，圣人的治理原则是排空百姓的心机，填饱百姓的肚腹，削弱百姓的意志，增强百姓的筋骨体魄，永远使老百姓没有奸诈的心智，没有贪婪的欲望，致使那些有才智的人也不敢妄为造事。圣人按照"无为"的原则去做,办事顺应自然,那么,天下就不会不太平了。

第四章

道冲①,而用之有弗盈②。渊③兮④,似万物之宗⑤。锉其兑⑥,解其纷⑦,和其光⑧,同其尘⑨。湛⑩兮,似或存⑪。吾不知谁之子,象帝之先。

【注释】①冲:本为"盅",器物虚空,引申为空虚。②有弗盈:有,通"又"。盈,满,引申为尽。③渊:深远。④兮:语气助词,表示停顿。⑤宗:祖宗,祖先。⑥锉其兑:锉(cuò),消磨、折去。兑(ruì),通"锐",锐利、锋利。⑦解其纷:消解掉它的纠纷。⑧和其光:调和、隐蔽它的光芒。⑨同其尘:把自己混同于尘俗。以上四个"其"字,说的都是道本身的属性。⑩湛(zhàn):沉没,引申为隐约的意思。⑪似或存:似乎存在,形容"道"若有若无。

【译文】大"道"空虚无形,但它的作用又是无穷无尽的。深远啊!它好像万物之宗。消磨它的锋锐,消除它的纷扰,调和它的光辉,使其混同于尘垢。隐没不见,又好像实际存在。我不知道它是谁的后代,似乎在天帝之前就出现了。

三、朗诵训练

 训练内容

故都的秋（节选）

郁达夫

秋天，无论在什么地方的秋天，总是好的；可是啊，北国的秋，却特别地来得清，来得静，来得悲凉。我的不远千里，要从杭州赶上青岛，更要从青岛赶上北平来的理由，也不过想饱尝一尝这"秋"，这故都的秋味。

江南，秋当然也是有的，但草木凋得慢，空气来得润，天的颜色显得淡，并且又时常多雨而少风；一个人夹在苏州上海杭州，或厦门香港广州的市民中间，混混沌沌地过去，只能感到一点点清凉，秋的味，秋的色，秋的意境与姿态，总看不饱，尝不透，赏玩不到十足。秋并不是名花，也并不是美酒，那一种半开、半醉的状态，在领略秋的过程上，是不合适的。

不逢北国之秋，已将近十余年了。在南方每年到了秋天，总要想起陶然亭的芦花，钓鱼台的柳影，西山的虫唱，玉泉的夜月，潭柘寺的钟声。在北平即使不出门去吧，就是在皇城人海之中，租人家一椽破屋来住着，早晨起来，泡一碗浓茶，向院子一坐，你也能看得到很高很高的碧绿的天色，听得到青天下驯鸽的飞声。从槐树叶底，朝东细数着一丝一丝漏下来的日光，或在破壁腰中，静对着像喇叭似的牵牛花（朝荣）的蓝朵，自然而然地也能够感觉到十分的秋意。说到了牵牛花，我以为以蓝色或白色者为佳，紫黑色次之，淡

红色最下。最好，还要在牵牛花底，教长着几根疏疏落落的尖细且长的秋草，使作陪衬。

北国的槐树，也是一种能使人联想起秋来的点缀。像花而又不是花的那一种落蕊，早晨起来，会铺得满地。脚踏上去，声音也没有，气味也没有，只能感出一点点极微细极柔软的触觉。扫街的在树影下一阵扫后，灰土上留下来的一条条扫帚的丝纹，看起来既觉得细腻，又觉得清闲，潜意识下并且还觉得有点儿落寞，古人所说的梧桐一叶而天下知秋的遥想，大约也就在这些深沉的地方。

秋蝉的衰弱的残声，更是北国的特产，因为北平处处全长着树，屋子又低，所以无论在什么地方，都听得见它们的啼唱。在南方是非要上郊外或山上去才听得到的。这秋蝉的嘶叫，在北方可和蟋蟀耗子一样，简直像是家家户户都养在家里的家虫。

还有秋雨哩，北方的秋雨，也似乎比南方的下得奇，下得有味，下得更像样。

在灰沉沉的天底下，忽而来一阵凉风，便息列索落地下起雨来了。一层雨过，云渐渐地卷向了西去，天又晴了，太阳又露出脸来了；着（zhuó）着很厚的青布单衣或夹袄的都市闲人，咬着烟管，在雨后的斜桥影里，上桥头树底下去一立，遇见熟人，便会用了缓慢悠闲的声调，微叹着互答着地说：

"唉，天可真凉了——"（这了字念得很高，拖得很长。）

"可不是吗？一层秋雨一层凉了！"

北方人念阵字，总老像是层字，平平仄仄起来，这念错的歧韵，倒来得正好。

北方的果树，到秋来，也是一种奇景。第一是枣子树，屋角，墙头，茅房边上，灶房门口，它都会一株株地长大起来。像橄榄又像鸽蛋似的这枣子颗儿，在小椭圆形的细叶中间，显出淡绿微黄的颜色的时候，正是秋的全盛时期，等枣树叶落，枣子红完，西北风就要起来了，北方便是尘沙灰土的世界，只有这枣子、柿子、葡萄成熟到八九分的七八月之交，是北国的清秋的佳日，是一年之中最好也没有的Golden Days。

……

南国之秋，当然也是有它的特异的地方的，比如廿四桥的明月，钱塘江的秋潮，普陀山的凉雾，荔枝湾的残荷等等，可是色彩不浓，回味不永。比起北国的秋来，正像是黄酒之与白干，稀饭之与馍馍，鲈鱼之与大蟹，黄犬之与骆驼。

秋天，这北国的秋天，若留得住的话，我愿把寿命的三分之二折去，换得一个三分之一的零头。

训练提示

《故都的秋》描述了作者郁达夫对北平（今北京）秋天的眷恋，主体部分以描绘北平秋景为主，将悲秋与颂秋结合起来，秋中有情的眷恋，情中有秋的落寞——这情是故乡情、爱国情；这落寞之秋是作者当时心境的写照，是对国运衰微的喟叹。通过有声语言表达，希望同学们能揣摩到作者投射于秋景的内心感伤和生命体验。

郁达夫是著名的新文学团体"创造社"的发起人之一。他的第一本也是我国现代文学史上的第一本小说集《沉沦》，被公认为是惊世骇俗的作品。他的散文、旧体诗词、文艺评论和杂文政论也都自成一家，不同凡响。1927年4月12日，蒋介石发动"四一二"反革命政变。郁达夫为躲避国民党的恐怖威胁，于1933年4月由上海迁居到杭州。1934年7月，郁达夫从杭州经青岛去北平，再次饱尝了故都的"秋味"，并写下该文。

第三课

一、形体语言表达训练

训练内容

听音乐,感受音乐情绪,进行肢体表达。

参考曲目:琵琶曲《十面埋伏》

形体训练:紧张、不安地跟随音乐节奏进行即兴形体表达。

训练提示

《十面埋伏》产生于何时迄今尚无定论,乐曲激越,震撼人心,表现出了项羽被大军包围时走投无路的场景。

1. 联系背景,感受项羽当时的处境,进行还原场景训练。

2. 结合个人经历,模仿紧张时自己的下意识举动,即兴设置情境进行表演。

二、情声气结合训练——朗读《道德经》

第五章

天地不仁，以万物为刍狗①；圣人不仁，以百姓为刍狗。天地之间，其犹橐龠②乎？虚而不屈③，动而俞④出。多闻数穷⑤，不若守于中⑥。

【注释】①刍（chú）狗：用草扎成的狗。古代专用于祭祀之中，祭祀完毕，就把它扔掉或烧掉。比喻轻贱无用的东西。在本文中意为天地对万物、圣人对百姓都因不经意、不留心而任其自长自消、自生自灭。②犹橐龠（tuó yuè）：犹，比喻词，如同、好像的意思。橐龠，古代冶炼时为炉火鼓风用的助燃器具——袋囊和送风管，是古代的风箱。③屈：竭尽、穷尽。④俞：通"愈"，更加的意思。⑤多闻数穷：闻，见闻、知识。老子认为，人见多识广，有了智慧，反而政令烦苛，破坏了天道。数，通"速"，加快的意思。穷，穷困，穷尽到头，无路可行。⑥守于中：中，通"冲"，指内心的虚静。守中，守住虚静。

【译文】天地是无所谓仁慈的，它没有仁爱之心，对待万事万物就像对待刍狗一样，任凭万物自生自灭。圣人也是没有仁爱之心的，也像对待刍狗那样对待百姓，任凭人们自作自息。天地之间，岂不是像个风箱一样吗？它空虚而不枯竭，越鼓动风就越大，生生不息。政令繁多反而更加使人困惑，更行不通，不如保持虚静。

第六章

谷神①不死,是谓玄牝②。玄牝之门③,是谓天地之根。绵绵④若存⑤,用之不勤⑥。

【注释】①谷神:一说生养之神。另一说,谷,形容"道"虚空博大,像山谷;神,形容"道"变化无穷,很神奇。②玄牝(pìn):玄,青黑色,此处有深远、神秘、微妙难测的意思。牝,本义是雌性的兽类,这里借喻具有无限造物能力的"道"。玄牝指玄妙的母性,这里指孕育和生养出天地万物的母体。③门:指产门。这里用雌性产门的具体义来比喻造化天地、生育万物的根源。④绵绵:连绵不绝的样子。⑤若存:若,如此,这样。若存,是实际存在却无法看到的意思。⑥勤:通"勤",作"尽"讲。

【译文】生养天地万物的道(谷神)是永恒长存的,这叫作玄妙的母性。玄妙母体生育之产门,就是天地的根本。连绵不绝好像永远存在,作用是无穷无尽的。

第七章

天长地久。天地所以能长且久者,以其不自生①,故能长生。是以圣人后其身而身先②,外其身③而身存。以其无私,故能成其私。

【注释】①以其不自生：因为它不为自己生存。以，因为。②身：自身，自己。以下三个"身"字同。先：居先，占据了前位。此处是高居人上的意思。③外其身：外，是方位名词作动词用，这里是置之度外的意思。

【译文】天地是长久存在的。天地所以能长久存在，是因为它们不为了自己的生存而自然地运行着，所以能够长久生存。因此，有道的圣人遇事谦让无争，反而能在众人之中领先；将自己置之度外，反而能保全自己。正是因为他无私，所以能成就他自身。

三、朗诵训练

对 岸

〔印〕泰戈尔

我渴望到河的对岸去。

在那边，好些船只一行儿系在竹竿上；人们在早晨乘船渡过那边去，肩上扛着犁头，去耕耘他们的远处的田；在那边，牧人使他们鸣叫着的牛涉水到河旁的牧场去；黄昏的时候，他们都回家了，只留下豺狼在这长满着野草的岛上哀叫。

妈妈，如果你不介意，我长大的时候，要做这渡船的船夫。

据说有好些古怪的池塘藏在这个高岸之后。

雨过去了，一群一群的野鸭飞到那里去。茂盛的芦苇在岸边四周生长，水鸟在那里生蛋。竹鸡摇着跳舞的尾巴，将它们细小的足印印在洁净的软泥上；黄昏的时候，长草顶着白花，邀月光在长草的波浪上浮游。

妈妈，如果你不介意，我长大的时候，要做这渡船的船夫。

我要自此岸至彼岸，渡过来，渡过去，所有村中正在那儿沐浴的男孩女孩，都要诧异地望着我。

太阳升到中天，早晨变为正午了，我将跑到您那里去，说道："妈妈，我饿了！"一天完了，影子俯伏在树底下，我便要在黄昏中回家来。

我将永远不像爸爸那样，离开你到城里去做事。

妈妈，如果你不介意，我长大的时候，要做这渡船的船夫。

训练提示

泰戈尔，印度诗人、作家、艺术家和社会活动家，1913年获诺贝尔文学奖。1861年，泰戈尔生于加尔各答的一个富有哲学和文学艺术修养的家庭，13岁即能创作长诗和颂歌体诗。1878年他赴英国留学，1880年回国专门从事文学活动。1884年至1911年担任梵社秘书，20世纪20年代创办国际大学。1941年泰戈尔写了《文明的危机》，这是控诉英国殖民统治和相信祖国必将获得独立解放的著名遗言。

泰戈尔是具有巨大世界影响的作家，共写了50多部诗集，被称为"诗圣"。他还写了12部中长篇小说、100多篇短篇小说、20多部剧本及大量文学、哲学、政治论著，并创作了1 500多幅画和难以统计的众多歌曲。

第四课

一、形体语言表达训练

 训练内容

听音乐，感受音乐情绪，进行肢体表达。

参考曲目： 普莱亚《口哨与小狗》

形体训练： 幽默、滑稽地跟随音乐节奏进行即兴形体表达。

《口哨与小狗》是美国作曲家普莱亚于1905年创作的一首通俗管弦乐小曲。它描绘了小主人吹着口哨，和心爱的小狗在林荫道上散步的情景。

1. 分析音乐的几个部分，想象音乐所表现的故事并表演出来，注意表情、神态。

2. 以引人发笑为目的进行即兴肢体表演，不拘任何形式。

二、情声气结合训练——朗读《道德经》

训练内容

第八章

上善若水①。水善利万物而不争，处众人之所恶②，故几于道③。居善地，心善渊④，与善仁⑤，言善信，政善治，事善能，动善时。夫唯不争，故无尤⑥。

【注释】①上善若水：上，最的意思，上善即最善。②处众人之所恶：居于众人不愿去的地方。③几于道：几，接近。即接近于道。④渊：沉静、深沉。⑤与善仁：与，指与别人相交相接。善仁，指有修养之人。⑥尤：过失、罪过。

【译文】最善的人好像水一样。水善于滋润万物而不与万物相争，停留在众人都不喜欢的地方，所以最接近于"道"。最善的人，居于低洼之地，思虑深邃宁静，待人真诚、友爱和无私，说话恪守信用，为政精于治理，处事善于发挥所长，行动善于把握时机。最善的人因为有不争的美德，所以没有过失。

第九章

持而盈之①，不如其已②；揣而锐之③，不可长保④。金玉满堂，莫之能守；富贵而骄，自遗其咎⑤。功成身退⑥，天之道⑦也。

【注释】①持而盈之：持，手执、手捧。此句意为持执盈满，自满自骄。②不如其已：已，止。不如适可而止。③揣而锐之：把铁器磨得又尖又利。揣，捶击的意思。④长保：不能长久保存。⑤咎：过失、灾祸。⑥功成身退：功成名就之后，不再身居其位，而应适时退下。⑦天之道：指自然规律。

【译文】执持盈满，不如适时停止；显露锋芒，锐势难以保持长久。金玉满堂，无法守护；如果富贵到了骄横的程度，那是给自己留下祸根。功成名就之后，就应适时退下，这是符合自然规律的道理。

三、朗诵训练

匆 匆

朱自清

燕子去了，有再来的时候；杨柳枯了，有再青的时候；

桃花谢了，有再开的时候。但是，聪明的，你告诉我，我们的日子为什么一去不复返呢？——是有人偷了他们罢：那是谁？又藏在何处呢？是他们自己逃走了罢——现在又到了哪里呢？

我不知道他们给了我多少日子，但我的手确乎是渐渐空虚了。在默默里算着，八千多日子已经从我手中溜去；像针尖上一滴水滴在大海里，我的日子滴在时间的流里，没有声音，也没有影子。我不禁头涔涔①而泪潸潸②了。

去的尽管去了，来的尽管来着；去来的中间，又怎样地匆匆呢？早上我起来的时候，小屋里射进两三方斜斜的太阳。太阳他有脚啊，轻轻悄悄地挪移了；我也茫茫然跟着旋转。于是——洗手的时候，日子从水盆里过去；吃饭的时候，日子从饭碗里过去；默默时，便从凝然的双眼前过去。我觉察他去的匆匆了，伸出手遮挽时，他又从遮挽着的手边过去，天黑时，我躺在床上，他便伶伶俐俐③地从我身上跨过，从我脚边飞去了。等我睁开眼和太阳再见，这算又溜走了一日。我掩着面叹息。但是新来的日子的影儿又开始在叹息里闪过了。

在逃去如飞的日子里，在千门万户的世界里的我能做些什么呢？只有徘徊罢了，只有匆匆罢了；在八千多日的匆匆里，除徘徊外，又剩些什么呢？过去的日子如轻烟，被微风吹散了，如薄雾，被初阳蒸融了；我留着些什么痕迹呢？我何曾留着像游丝④样的痕迹呢？我赤裸裸来到这世界，转眼间也将赤裸裸的回去罢？但不能平的，为什么偏要白白走这一遭啊？

你聪明的，告诉我，我们的日子为什么一去不复返呢？

训练提示

①涔涔（cén cén）：形容汗、泪等不断往下流的样子。②潸潸（shān shān）：形容泪流不止的样子。③伶伶俐俐：聪明灵活，指十分聪明。④游丝：蜘蛛所吐的丝，飘荡于空中，故称游丝。

《匆匆》的写作风格朴素、直白，仿佛是作者在自言自语。文章节奏一缓一急，多次运用排比、反问、对照的手法。通过朗诵，感受作者内心的矛盾，体现文字的节奏美感，做一次思考时光流逝的"独白"。

朱自清，原名自华，号秋实，后改名自清，字佩弦。中国现代散文家、诗人、学者、民主战士。

第五课

一、形体语言表达训练

训练内容

听音乐，感受音乐情绪，进行肢体表达。

参考曲目：柴可夫斯基《如歌的行板》

形体训练：充满希望地、积极地跟随音乐节奏进行即兴肢体表达。

训练提示

柴可夫斯基是俄罗斯浪漫乐派作曲家，也是俄罗斯民族乐派的代表人物。他的作品热情奔放，情感十分细腻，具有强烈的感染力，既抒情又华丽，并带有强烈的管弦乐风格。

1. 根据音乐节奏变化，随个人感受进行肢体表达，并找到内心依据。

2. 设想自己遇到问题、克服困难并取得成功，对未来充满希望的场景，进行肢体表达。

二、情声气结合训练——朗读《道德经》

第十章

载营魄抱一①，能无离乎？专气②致柔，能如婴儿乎③？涤除玄鉴④，能无疵乎？爱民治国，能无为乎？天门开阖⑤，能为雌⑥乎？明白四达，能无知⑦乎？生之畜⑧之。生而不有，为而不恃，长而不宰，是谓玄德⑨。

【注释】①载营魄抱一：载，语气助词，相当于"夫"。营魄，即魂魄。一，指道。抱一，意为魂魄合而为一，即合于道。又解释为身体与精神合一。②专气：专，结聚之意。专气即集气。③能如婴儿乎：能像婴儿一样吗？④涤除玄鉴：涤，扫除、清除。玄，奥妙深邃。鉴，镜子。玄鉴指人心灵深处明澈如镜、深邃灵妙。⑤天门开阖：天门，有多种解释。一说指耳目口鼻等人的感官；一说指兴衰治乱之根源；一说指自然之理；一说指人的意念和感官的配合等。此处依"感官说"。开阖，即动静、变化和运动。⑥雌：宁静。⑦知：通"智"，指心智、智慧。⑧畜：养育、繁殖。⑨玄德：玄秘而深邃的德性。

【译文】精神和形体合一，能不分离吗？聚结精气以致柔和温顺，能像婴儿一样吗？清除杂念而深入观察心灵，能没有瑕疵吗？爱民治国能遵行自然无为的规律吗？感官与外界的对立变化相接触，能宁静吗？明白四达，能不用心机吗？让万事万物生长繁殖，养育万物而不占为己有，作万物之长而不主宰它们，这就叫作"玄德"。

第十一章

三十辐①共一毂②，当其无，有车之用③。埏埴以为器④，当其无，有器之用。凿户牖以为室⑤，当其无，有室之用。故有之以为利，无之以为用。

【注释】①辐：车轮中连接轴心和轮圈的木条。古代的车轮由三十根辐条构成，此数取法于每月三十日的历次。②毂（gǔ）：车轮中心的木制圆圈，中有圆孔，即插轴的地方。③当其无，有车之用：有了车毂中空的地方，才具有车的作用。"无"指毂中间空的地方。④埏埴：埏（shān），用水和土。埴（zhí），土。即和陶土做成供人饮食使用的器皿。⑤户牖（yǒu）：门窗。

【译文】三十根辐条汇集到一根毂的孔洞当中，有了车毂中空的地方，才能具有车的作用。用水和陶土做成器皿，有了器具中空的地方，才能具有器皿的作用。开凿门窗建造房屋，有了门窗组成的中空，才能具有房屋的作用。所以，"有"给人便利，"无"发挥了它的作用。

三、朗诵训练

在天晴了的时候

戴望舒

在天晴了的时候，

该到小径中去走走：

给雨润过的泥路，

一定是凉爽又温柔；

炫耀着新绿的小草，

已一下子洗净了尘垢；

不再胆怯的小白菊，

慢慢地抬起它们的头，

试试寒，试试暖，

然后一瓣瓣地绽透；

抖去水珠的凤蝶儿，

在木叶间自在闲游，

把它的饰彩的智慧书页，

曝着阳光一开一收。

到小径中去走走吧，

在天晴了的时候；

赤着脚，携着手，

踏着新泥，涉过溪流。

新阳推开了阴霾了，

溪水在温风中晕皱，

看山间移动的暗绿——

云的脚迹——它也在闲游。

训练提示

《在天晴了的时候》是戴望舒的一首现代诗歌。"雨巷诗人"戴望舒的这首小诗，让我们感受到了雨后扑面而来的清爽无比的乡土气息。朗诵这首诗歌，感受轻柔诉说中的坚定信念。

戴望舒，名承，字朝安，浙江杭县（今杭州市余杭区）人，中国现代派象征主义诗人、翻译家等。他先后在鸳鸯蝴蝶派的刊物上发表了三篇小说：《债》、《卖艺童子》和《母爱》。曾经和杜衡、张天翼、施蛰存等人成立了一个名谓"兰社"的文学小团体，创办了《兰友》旬刊。1950年戴望舒在北京病逝，享年45岁。

此诗写于抗日战争时期，作者似乎在表达心中的"淡然"、"宁静"和"暖意"。他用象征手法，歌颂光明和解放，表达了诗人对抗战必胜的坚定信念。

第六课

一、形体语言表达训练

训练内容

听音乐，感受音乐情绪，进行肢体表达。

参考曲目： 赵良山《长亭怨慢》

形体训练： 思恋、怀念地跟随音乐节奏进行即兴肢体表达。

训练提示

"长亭怨慢"，词牌名，南宋音乐家、文学家姜夔"自度曲"之一，调属"中吕宫"。或作"长亭怨"，无"慢"字。以柳树为衬托来表达自己的惜别之情。

1. 想想自己是否遇到过好友或亲人离开，去往其他地方的经历，当时你是如何表现惜别之情的？通过形体表达出来。

2. 随音乐即兴舞蹈，再通过双人或多人的场景设计，表现惜别时的动作细节。

二、情声气结合训练——朗读《道德经》

第十二章

五色①令人目盲②，五音③令人耳聋④，五味⑤令人口爽⑥，驰骋⑦畋猎⑧令人心发狂⑨，难得之货令人行妨⑩。是以圣人为腹不为目⑪，故去彼取此⑫。

【注释】①五色：指青、黄、赤、白、黑，此处指色彩多样。②目盲：比喻眼花缭乱。③五音：指宫、商、角、徵、羽，这里指多种多样的音乐声。④耳聋：比喻听觉不灵敏，分不清五音。⑤五味：指酸、苦、甘、辛、咸，这里指多种多样的美味。⑥口爽：意思是味觉失灵，生了口病。古代以"爽"为口病的专用名词。⑦驰骋：纵横奔走，比喻纵情放荡。⑧畋（tián）猎：打猎获取动物。⑨心发狂：心旌动荡而不可制止。⑩行妨：伤害操行。妨，妨害、伤害。⑪为腹不为目：只求温饱安宁，而不为纵情声色之娱。"腹"在这里指代一种简朴宁静的生活方式；"目"指代一种巧伪多欲的生活方式。⑫去彼取此：摒弃物欲的诱惑，而保持安定知足的生活。"彼"指"为目"的生活；"此"指"为腹"的生活。

【译文】缤纷的色彩，使人眼花缭乱；嘈杂的音调，使人听觉失灵；丰盛的食物，使人舌不知味；纵情狩猎，使人心情放荡发狂；稀有的物品，使人行为不轨。因此，圣人但求吃饱肚子而不追逐声色之娱，所以抛弃物欲，只要温饱。

第十三章

宠辱①若惊，贵大患若身②。何谓宠辱若惊？宠为上，辱为下；得之若惊，失之若惊，是谓宠辱若惊。何谓贵大患若身？吾所以有大患者，为吾有身；及吾无身，吾有何患？③故贵以身为天下，若可寄天下；爱以身为天下，若可托天下。④

【注释】①宠辱：荣宠和侮辱。②贵大患若身：贵，珍贵、重视。重视祸患就像重视自己的身体一样。③及吾无身，吾有何患：

意为如果我没有自身的私利，还能有什么祸患呢？④此句意为以贵身的态度去为天下，才可以把天下托付给他；以爱身的态度去为天下，才可以把天下托付给他。

【译文】受到宠爱和受到侮辱都感到惊恐不安，把荣辱这样的大患看得与自身生命一样珍贵。什么叫作得宠和受辱都感到惊慌失措？得宠为上，受辱为下，得到宠辱感到惊恐，失去宠辱也感到惊恐，这就叫作得宠和受辱都感到惊恐不安。什么叫作重视祸患像重视自身生命一样？我之所以有祸患，是因为我有自身的私利；如果我没有自身的私利，我还会有什么祸患呢？所以，以重视自己的身体的态度去治理天下，天下就可以托付于他；以爱惜自己的身体的态度去治理天下，天下就可以依靠他了。

三、朗诵训练

热爱生命

〔法〕蒙田

我赋予某些词语特殊的含义：拿"度日"来说吧，天色不佳，令人不快的时候，我将"度日"看作是"消磨光阴"；而风和日丽的时候，我却不愿意去"消磨"，这时我是在慢慢赏玩、领略美好的时光。坏日子，要飞快地去"度"，好日子，要停下来细细品尝。"度日""消磨光阴"这些常用语令人想起那些"哲人"习气。他们以为生命的利用不外乎将它打发、消磨，并且尽量回避它，无视它的存在，仿佛这是一件苦事、一件贱物似的。至于我，我认为生命不是这个样的，我觉得它值得称颂，富有乐趣，即便我自己到了垂暮之年也还是如此。我们的生命受到自然的厚赐，它是优越无比的。如果我们觉得不堪生之重压而白白虚度此生，那也只能怪我们自己。"糊涂人的一生枯燥无味，躁动不安，却将全部希望寄托于来世。"

不过，我对随时告别人生，毫不惋惜。这倒不是因为生之艰辛与苦恼所致，而是由于生之本质在于死。因此只有乐于生的人才能真正不感到死之苦恼。享受生活要讲究方法。我自认为比别人多享受到一倍的生活，因为生活乐趣的大小是随着我们对生活的关心程度而定的。尤其在此刻，我眼看生命的时光不多，我就愈想增加生命的分量。我想靠迅速抓紧时间，去留住稍纵即逝的日子；我想凭时间的有效利用，去弥补匆匆流逝的光阴。剩下的生命愈是短暂，我愈要使之过得丰盈充实。

训练提示

蒙田（1533—1592），法国文艺复兴后期重要的人文主义作家。在16世纪的作家中，很少有人像蒙田这样受到现代人的崇敬。他是启蒙运动前法国的一位知识权威和批评家，是一位人类感情的冷峻的观察家，亦是对各民族文化，特别是西方文化进行冷静研究的学者。从他的思想和感情来看，人们可以把他看成是在他那个时代出现的一位现代人。

第七课

一、形体语言表达训练

训练内容

听音乐，感受音乐情绪，进行肢体表达。

参考曲目：贝多芬《c小调第五交响曲》

形体训练：抗争、不屈地跟随音乐节奏进行即兴形体表达。

训练提示

《c小调第五交响曲》又名《命运交响曲》（Fate Symphony），是德国作曲家路德维希·凡·贝多芬最为著名的作品之一，完成于1807年末至1808年初。此曲声望之高、演出次数之多，可谓"交响曲之冠"。

贝多芬创作的第五交响曲，构建在四音的"命运动机"之上。作为整个交响曲的核心，"命运动机"在各个乐章中反复出现，并加以变形，一系列惊心动魄的战斗场面在这个动机的衍生中展开，表达了作曲家在战胜个人情感挫折和生理疾病痛苦绝望情绪后的决心——"我要同命运抗争，绝不能被它征服。"

1. 联系此曲的创作背景，感受作曲家的矛盾心理。

2. 想象在遇到人生挫折时，你内心的挣扎抵抗，用形体表现出来。

二、情声气结合训练——朗读《道德经》

第十四章

视之不见，名曰夷①；听之不闻，名曰希②；搏之不得，名曰微③。此三者不可致诘④，故混而为一⑤。其上不皦⑥，其下不昧⑦，绳绳⑧兮不可名，复归于无物⑨。是谓无状之状，无物之象，是谓惚恍⑩。迎之不见其首，随之不见其后。执古之道，以御今之有⑪。能知古始⑫，是谓道纪⑬。

【注释】①夷：无色。②希：无声。③微：无形。④致诘（jié）：诘，追问、究问、反问。致诘意为彻底区分。⑤一：指"道"。⑥皦（jiǎo）：清白、清晰、光明之意。⑦昧：阴暗。⑧绳绳：不清楚、纷纭不绝。⑨无物：无形状的物，即"道"。⑩惚恍：若有若无，闪烁不定。⑪有：指具体事物。⑫古始：宇宙的原始，或"道"的初始。⑬道纪："道"的纲纪，即"道"的规律。

【译文】看却看不见，叫作"夷"；听却听不到，叫作"希"；摸却摸不到，叫作"微"。这三者的形状无从追究，原本就浑然而为一体。它的上面既不显得光明亮堂；它的下面也不显得阴暗晦涩，无头无绪、延绵不绝却又不可名状，一切运动都回复到无形无象的状态。这就是没有形状的形状，不见物体的形象，这就是"惚恍"。迎着它，看不见它的前头；跟着它，也看不见它的后头。把握着早已存在的"道"，来驾驭现实存在的具体事物。能认识、了解宇宙的初始，就叫作认识"道"的规律。

第十五章

古之善为道者①，微妙玄通，深不可识。夫唯不可识，故强为之容②：豫③兮，若冬涉川④；犹⑤兮，若畏四邻⑥；俨⑦兮，其若客；涣⑧兮，其若凌释；敦⑨兮，其若朴；旷⑩兮，其若谷；混⑪兮，其若浊；孰能浊以静之徐清？孰能安以动之徐生？保此道者，不欲盈⑫。夫唯不盈，故能蔽而新成。

【注释】①善为道者：指得"道"之人。②容：形容、描述。③豫：原是野兽的名称，性多疑，此处引申为迟疑慎重的意思。④涉川：战战兢兢，如临深渊。⑤犹：原是野兽的名称，性警觉，此处用来形容警觉、戒备的样子。⑥若畏四邻：形容不敢妄动。⑦俨：形容端谨、庄严、恭敬的样子。⑧涣：形容流动的样子。⑨敦：形容敦厚老实的样子。⑩旷：形容心胸开阔、旷达的样子。⑪混：形容浑厚纯朴的样子。混，与"浑"通用。⑫不欲盈：不求自满。盈，满。

【译文】古时候善于行道的人，微妙通达，深刻玄远，不是一般人可以理解的。正因为不能认识他，所以只能勉强地形容他：他小心谨慎啊，好像冬天踩着水过河；他警觉戒备啊，好像防备着邻国的进攻;他恭敬郑重啊,好像要去赴宴做客;他行动洒脱啊,好像冰块缓缓消融;他纯朴厚道啊,好像没有经过加工的原料;他旷远豁达啊,好像深幽的山谷;他浑厚宽容,好像混浊的水流。谁能使浊水安静下来,慢慢澄清?谁能使安静变得动起来,慢慢显出生机?保持这个"道"的人不会自满。正因为他从不自满,所以能够去故更新。

三、朗诵训练

秋天的怀念

史铁生

双腿瘫痪后,我的脾气变得暴怒无常。望着望着天上北归的雁阵,我会突然把面前的玻璃砸碎;听着听着李谷一甜美的歌声,我会猛地把手边的东西摔向四周的墙壁。母亲就悄悄地躲出去,在我看不见的地方偷偷地听着我的动静。当一切恢复沉寂,她又悄悄地进来,眼边红红的,看着我。"听说北海的花儿都开了,我推着你去走走。"她总是这么说。母亲喜欢花,可自从我的腿瘫痪以后,她侍弄的那些花都死了。"不,我不去!"我狠命地捶打这两条可恨的腿,喊着,"我可活什么劲儿!"母亲扑过来抓住我的手,忍住哭声说:"咱娘儿俩在一块儿,好好儿活,好好儿活……"

可我却一直都不知道,她的病已经到了那步田地。后来妹妹告诉我,她常常肝疼得整宿整宿翻来覆去地睡不了觉。

那天我又独自坐在屋里,看着窗外的树叶"唰唰啦啦"地飘落。母亲进来了,挡在窗前:"北海的菊花开了,我推着你去看看吧。"她憔悴的脸上现出央求般的神色。"什么时候?""你要是愿意,就明天?"她说。我的回答已经让她喜出望外了。"好吧,就明天。"我说。她高兴得一会儿坐下,一会儿站起:"那就赶紧准备准备。""哎呀,烦不烦?几步路,有什么好准备的!"她也笑了,坐在我身边,絮絮叨叨地说着:"看完菊花,咱们就去'仿膳',你小时候最爱吃那儿的豌豆黄儿。还记得那回我带你去北海吗?你偏说那杨树花是毛毛虫,跑着,一脚踩扁一个……"她忽然不说了。对于"跑"和"踩"一类的字眼,她比我还敏感。她又悄悄地出去了。

她出去了,就再也没回来。

邻居们把她抬上车时,她还在大口大口地吐着鲜血。我没想到她已经病成那样。看着三轮车远去,也绝没有想到那竟是永远的诀别。

邻居的小伙子背着我去看她的时候,她正艰难地呼吸着,像她那一生艰难的生活。别人告诉我,她昏迷前的最后一句话是:"我那个有病的儿子和我那个还未成年的女儿……"

又是秋天,妹妹推着我去北海看了菊花。黄色的花淡雅,白色的花高洁,紫红色的花热烈而深沉,泼泼洒洒,秋风中正开得烂漫。我懂得母亲没有说完的话。妹妹也懂。我俩在一块儿,要好好儿活……

训练提示

《秋天的怀念》是中国当代著名作家史铁生所著，文中描述了史铁生对已故母亲的回忆，表现了史铁生对母亲深切的怀念，以及史铁生对"子欲养而亲不待"的悔恨之情。母爱这种平凡又伟大的爱要如何表达呢？朗诵时融入自己对母爱的理解，体会作家对母亲的怀念。

史铁生（1951—2010），患肾病至尿毒症，自称"职业是生病，业余在写作"。著名编剧、小说家、文学家。曾任北京作家协会副主席、驻会作家，中国作家协会第五、六、七届全国委员会委员，中国残疾人作家协会副主席。他创作的散文《我与地坛》鼓舞了无数人。

第八课

一、形体语言表达训练

训练内容

听音乐，感受音乐情绪，进行肢体表达。

参考曲目：Betrayal Voices

形体训练：恐惧、惊慌地跟随音乐节奏进行即兴形体表达。

训练提示

1. 谈一谈你害怕的事或人，为什么会让你恐慌？
2. 伴随音乐节奏，设置情境，表现恐慌时的状态和动作。

二、情声气结合训练——朗诵《道德经》

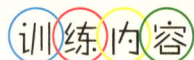 训练内容

第十六章

致虚极，守静笃。①万物并作②，吾以观复③。夫物芸芸④，各归其根。归根⑤曰静，静曰复命⑥。复命曰常⑦，知常曰明⑧。不知常，妄作凶。知常容⑨，容乃公，公乃全，全乃天，天乃道，道乃久，没身不殆。

【注释】①致虚极，守静笃：虚和静都是形容人的心境是空明宁静的，但由于外界的干扰、诱惑，人的私欲蠢蠢欲动，心灵蔽塞不安，所以必须注意"致虚"和"守静"，以期恢复心灵的清明。极、笃，意为极度、顶点。②作：生长、发展、活动。③复：循环

往复。④芸芸：茂盛、纷杂、繁多。⑤归根：根指道，归根即复归于道。⑥复命：复归本性，重新孕育新的生命。⑦常：指万物运动变化的永恒规律，即守常不变的规则。⑧明：明白、了解。⑨容：宽容、包容。

【译文】尽力使心灵的虚寂达到极点，坚守彻底的清静无为。万物一起蓬勃生长，我来考察其中循环往复的道理。万物纷纷纭纭，各自回归根本。回归根本就叫作清静，清静就叫作复归于生命。复归于生命就叫自然，认识了自然规律就叫作聪明，不认识把握自然规律，就会轻举妄动干出凶险之事。认识把握自然规律的人就能包容，能包容就会坦然公正，能公正就能周全，能周全才能符合自然的道，符合自然的道才能长久，终生不会遭遇危险。

第十七章

太上①，不知有之②；其次，亲而誉之；其次，畏之；其次，侮之。信不足焉，有不信焉。悠兮③，其贵言④。功成事遂，百姓皆谓"我自然⑤。"

【注释】①太上：至上、最好，指最好的统治者。②不知有之：人民不知有统治者的存在。③悠兮：悠闲自在的样子。④贵言：指不轻易发号施令。⑤自然：自己本来就如此。

【译文】最好的统治者，人民并不知道他的存在；次之的统治者，人民亲近他并且称赞他；再次的统治者，人民畏惧他；更次的统治者，人民看不起他。统治者的诚信不够，人民才不相信他。最好的统治者是多么悠闲啊，他很少发号施令，事情办成功了，老百姓说："我们本来就是这样的。"

三、朗诵训练

最苦与最乐

梁启超

人生什么事最苦呢？贫吗？不是。失意吗？不是。老吗？死吗？都不是。我说人生最苦的事，莫若于身上背着一种未了的责任。人若能知足，虽贫不苦；若能安分（不多作分外希望），虽然失意不苦；老、死乃人生难免的事，达观的人看得很平常，也不算什么苦。独是凡人生在世间一天，便有一天应该做的事。该做的事没有做完，便像是有几千斤重担子压在肩头，再苦是没有的了。为什么呢？因为受那良心责备不过，要逃躲也没处逃躲呀。

答应人办一件事没有办，欠了人的钱没有还，受了人的恩惠没有报答，得罪了人没有赔礼，这就连这个人的面也几乎不敢见他；纵然不见他的面，睡里梦里，都像有他的影子来缠着我。为什么呢？因为觉得对不住他呀，因为自己对他的责任，还没有解除呀。不独是对于一个人如此，就是对于家庭、对于社会、对于国家，乃至对于自己，都是如此。凡属我受过他好处的人，我对于他便有了责任。凡属我应该做的事，而且力量能够做得到的，我对于这件事便有了责任。凡属我自己打主意要做一件事，便是现在的自己和将来的自己立了一种契约，便是自己对于自己加一层责任。有了这责任，那良心便时时刻刻监督在后头，一日应尽的责任没有尽，到夜里头便是过的苦痛日子；一生应尽的责任没有尽，便死也带着苦痛往坟墓里去。这种苦痛却比不得普通的贫困老死，可以达观排解得来。所以我说人生没有苦痛便罢，若有苦痛，当然没有比这个更加重的了。

翻过来看，什么事最快乐呢？自然责任完了，算是人生第一件乐事。古语说得好："如释重负"；俗语亦说是："心上一块石头落了地"。人到这个时候，那种轻松愉快，真是不可以言语形容。责任越重大，负责的日子越久长，到责任完了时，海阔天空，心安理得，那快乐还要加几倍哩！大抵天下事从苦中得来的乐才算真乐。人生须知道有负责任的苦处，才能知道有尽责任的乐处。这种苦乐循环，便是这有活力的人间一种趣味。却是不尽责任，受良心责备，这些苦都是自己找来的。一翻过去，处处尽责任，便处处快乐；时时尽责任，便时时快乐。快乐之权，操之在己。孔子所以说："无入而不自得"，正是这种作用。

然则为什么孟子又说："君子有终身之忧"呢？因为越是圣贤豪杰，他负的责任越是重大；而且他常要把这种种责任来揽在身上，肩头的担子从没有放下的时节。曾子还说哩："任重而道远"，"死而后已，不亦远乎？"那仁人志士的忧民忧国，那诸圣诸佛的悲天悯人，虽说他是一辈子感受苦痛，也都可以。但是他日日在那里尽责任，便日日在那里得苦中真乐，所以他到底还是乐，不是苦呀！

有人说："既然这苦是从负责任而生的，我若是将责任卸却，岂不是就永远没有苦了吗？"这却不然，责任是要解除了才没有，并不是卸了就没有。人生若能永远像两三岁小孩，本来没有责任，那就本来没有苦。到了长成，责任自然压在你的肩头上，如何能躲？不过有大小的分别罢了。尽得大的责任，就得大快乐；尽得小的责任，就得小快乐。你若是要躲，倒是自投苦海，永远不能解除了。

训练提示

梁启超先生的这篇随笔告诉我们，人生在世，必须要对家庭、社会、国家以及自己尽到应尽的责任，这样才能得到真正的快乐。通过朗诵《最苦与最乐》，尝试用梁启超先生的道理说服自己，通过自己的有声语言，真诚表达，说服听者。

梁启超（1873—1929），字卓如，号任公，别号饮冰室主人、饮冰子、哀时客、中国之新民、自由斋主人等。中国近代史上著名的政治活动家、启蒙思想家、教育家、史学家和文学家，戊戌维新运动领袖之一。著有《中外纪闻》，著作大多收入《饮冰室合集》。

第九课

一、形体语言表达训练

训练内容

听音乐，感受音乐情绪，进行形体表达。

参考曲目：李斯特《爱之梦》

形体训练：充满爱地、温柔地跟随音乐节奏进行即兴形体表达。

训练提示

乐曲开篇时旋律恬静柔和，中段时情绪不断高涨，热烈而激昂，逐渐达到高潮，体现了对爱的渴望和执着追求。乐曲再现部分的主题旋律又回到开始时那种抒情、宁静、安详的气氛中。

1. 在你眼中，"爱"和"幸福"是什么呢？结合自己的体会谈一谈。

2. 乐曲节奏变化鲜明，伴随节奏，用形体语言表达自己对爱的理解。

二、情声气结合训练——朗读《道德经》

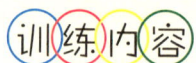

第十八章

大道①废，有仁义；智慧②出，有大伪；六亲③不和，有孝慈；国家昏乱，有忠臣。

【注释】①大道：指社会政治制度和秩序。②智慧：智谋，智巧。③六亲：父母兄弟妻子。

【译文】大道被废弃了，才有提倡仁义的需要；智谋出现了，伪诈才盛行一时；家庭出现了纠纷，才能显示出孝与慈；国家陷于混乱，才能出现忠臣。

第十九章

绝圣弃智①，民利②百倍；绝仁弃义，民复孝慈；绝巧弃利，盗贼无有。此三者，以为文③，不足。故令有所属④：见素抱朴⑤，少私寡欲，绝学无忧⑥。

【注释】①绝圣弃智：杜绝了圣贤的教诲，弃绝智慧。②民利：人民的财富。利：钱财。③文：短暂的表面现象。④属：归属。⑤见（xiàn）素抱朴：显现并坚守朴素。⑥绝学无忧：杜绝了世俗之学没有忧患。

【译文】杜绝了圣贤的教诲，弃绝智慧，人民的财富可以增加百倍不止；断绝、抛弃了仁义，人民就可以恢复尊长爱幼的天性；断绝了获取财富的奸巧计谋，盗贼就没有了。这三种说法，只是浅显的表面现象。所以要让百姓有归属之地：显现并坚守朴素，减少自我的意识和欲望，杜绝世俗之学，就不会有忧患。

三、朗诵训练

晚秋初冬

〔日〕德富芦花

一

霜落，朔风乍起。庭中红叶、门前银杏不时飞舞着，白天看起来像掠过书窗的鸟影；晚间扑打着屋檐，虽是晴夜，却使人想起雨景。晨起一看，满庭皆落叶。举目仰望，枫树露出枯瘦的枝头，遍地如彩锦，树梢上还剩下被北风留下的两三片或三四片叶子，在朝阳里闪光。银杏树直到昨天还是一片金色的云，今晨却骨瘦形销了，那残叶好像晚春的黄蝶，这里那里点缀着。

二

这个时节的白昼是静谧的。清晨的霜，傍晚的风，都使人感到寒凉。然而在白天,湛蓝的天空高爽,明净;阳光清澄,美丽。对窗读书,周围悄无人声,虽身居都市,亦觉得异常地幽静。偶尔有物影映在格子门上,开门一望,院子的李树,叶子落了,枝条交错,纵横于蓝天之上。梧桐坠下一片硕大的枯叶,静静躺在地上,在太阳下闪光。

庭院寂静,经霜打过的菊花低着头,将影子布在地上。鸟雀啄含后残留的南天竹的果实,在八角金盘下泛着红光。失去了华美的姿态,使它显得多么寂寥。两三只麻雀飞到院里觅食。廊橡下一只老猫躺着晒太阳。一只苍蝇飞来,在格子门上爬动,发出沙沙的声响。

三

内宅里也很清静。栗、银杏、桑、枫、朴等树木,都落叶了。月夜,满地树影,参差斑驳,任你脚踏,也分不开它们。院内各处,升起了焚烧枯叶的炊烟,茶花飘香的傍晚,阵雨敲打着栗树的落叶,当暮色渐渐暗淡下来的时候,如果是西行,准会唱几首歌的。暮雨潇潇,落在过路人的伞盖上,声音骤然加剧,整个世界仿佛尽在雨中了。这一夜,我默默独坐,顾影自怜。

四

月色朦胧的夜晚,踏着白花花的银杏树落叶,站在院中。月光渐渐昏暗,树隙间哗啦哗啦落下两三点水滴——阵雨,刚一这样想,雨早已住了。月亮又出现了。此种情趣向谁叙说?

月光没有了,寒星满天。这时候,我寂然伫立树下,夜气凝聚而不动了。良久,大气稍稍震颤着,头上的枯枝嘎吱有声,脚下的落叶沙沙作响。片刻,乃止。月光如霜,布满地面。秋风在如海的天空里咆哮。夜里，人声顿绝，仿佛可以听到一种至高无上的音响。

训练提示

《晚秋初冬》选自日本作家德富芦花的散文集《自然与人生》。文章语言干净纯真，字里行间蕴有不尽之意，既融诗的灵丽，又含哲的渊深。通过朗诵《晚秋初冬》感受自然，注意景物细节的处理变化。

德富芦花（1868—1927），日本小说家，因1889至1899年发表连载小说《杜宇》而闻名日本。代表作有《回忆》《黑潮》《寄生木》等。德富芦花的散文总能把自然之美鲜活地呈现在读者面前。他的散文篇幅短小，构思新巧，笔墨灵秀，情感细腻，是确确实实的"美文"。

第十课

一、形体语言表达训练

训练内容

听音乐,感受音乐所蕴含的情绪,进行形体表达。

参考曲目:柴可夫斯基《降B小调第一钢琴协奏曲作品23第一乐章》

形体训练:自信、舒展地跟随音乐节奏进行即兴形体表达。

训练提示

柴可夫斯基是19世纪伟大的俄罗斯作曲家、音乐教育家。他的音乐是俄罗斯艺术领域内的最高成就之一,其风格直接或间接地影响了很多后人。他的作品反映了沙皇专制统治下的俄国广大知识阶层的苦闷心理和对幸福美满生活的深切渴望,充满强烈的戏剧冲突和炽热的感情色彩,着力揭示了人们内心的矛盾。他把清晰而感人的旋律、强烈的戏剧性冲突和浓厚的民族风格独创地、有机地融合在他的作品中,为俄罗斯音乐文化和世界音乐文化作出了宝贵的贡献。

1. 感受音乐中的情绪变化，尝试体会作曲家作曲时的心理状态。

2. 谈谈个人最自豪的事情，在舞台上进行较大幅度的形体表达。

二、情声气结合训练——朗读《道德经》

训练内容

第二十章

唯之与阿①，相去几何？美之与恶②，相去若何？人之所畏③，不可不畏。荒兮④，其未央哉！众人熙熙⑤，如享太牢⑥，如春登台⑦；我独泊⑧兮，其未兆⑨。沌沌⑩兮，如婴儿之未孩；傫傫⑪兮，若无所归。众人皆有余⑫，而我独若遗⑬，我愚人之心也哉⑭！俗人昭昭⑮，我独昏昏⑯；俗人察察⑰，我独闷闷⑱。众人皆有以⑲，而我独顽且鄙。我独异于人，而贵食母。

【注释】①唯之与阿：唯声与阿声，应诺声。"唯"，对上；"阿"，对下。②美之与恶：美好的事物与丑恶的事物。③畏：畏惧。④荒兮：一片荒凉空旷啊。⑤熙熙：纵欲狂欢。⑥太牢：用牛、羊、猪三牲之肉做成食品，用于祭祀或盛筵，称为太牢。⑦如春登台：如同春天登上高台，极目远望。⑧泊：清静、淡泊。⑨兆：征兆。⑩沌沌：蒙昧无知的样子。⑪傫（lěi）傫：疲劳不

堪。⑫余：指自己的利益。⑬遗：赠与，奉献。⑭哉：语气词。⑮昭昭：清醒、明白。⑯昏昏：昏昏沉沉。⑰察察：明白了悟事理。⑱闷闷：蒙昧不知事理。⑲以：用，作为。

【译文】唯声与阿声，相差多少？美好的事物与丑恶的事物，又相差多少？人们所畏惧的，自己不可以不畏惧。一片荒凉空旷啊，找不到边际与中心。众人都在纵欲狂欢，如同享用太牢的盛筵，如同春天登上高台极目远望；而我独自清静淡泊，所以没有征兆，无动于衷。蒙昧啊，如同还没有长成孩子前的婴儿；疲劳不堪啊，好像没有归宿一样。众人都固守自己的利益，而我却独自奉献出去，我真有一颗愚人的心啊！常人清醒明白好似觉悟，而我独自昏昏沉沉好似糊涂；常人明白了悟事理，而我独自蒙昧不知事理。众人都有所作为，而我却顽愚而且卑微。我独特、与众不同，贵在于取择大道。

第二十一章

孔①德之容②，惟道是从③。道之为物，惟恍惟惚。惚兮恍兮，其中有象④；恍兮惚兮，其中有物⑤。窈兮⑥冥兮⑦，其中有精⑧；其精甚真，其中有信⑨。自今及古，其名⑩不去，以阅众甫⑪。吾何以知众甫之状哉？以此。

【注释】①孔：大。②容：容貌，模样。③惟道是从：完全按自然规律来作为。④象：虚象。⑤物：实物。⑥窈兮：幽深啊。⑦冥兮：昏暗啊。⑧精：精神，规律。⑨信：道运作规律的信息。⑩名：指名称里的具体存在物。⑪甫：开始。

【译文】大德的模样，完全是跟随自然规律来变化的。道作为事物，瞬间虚无瞬间实有。恍恍惚惚，其中却有虚象；惚惚恍恍，其中却有实物。幽深啊昏暗啊，这其中却有支持生命体运作的精神；其精神非常真实，其中有道运作规律的信息。从古到今，这些存在不会磨灭，所以以此知晓万物的开始。我如何来知晓万物开始的状况？以此来知晓。

三、朗诵训练

我的伊豆

〔日〕川端康成

伊豆是诗的故乡，世上的人这么说。

伊豆是日本历史的缩影，一个历史学家这么说。

伊豆是南国的楷模，我要再加上一句。

伊豆是所有的山色海景的画廊，还可以这么说。

整个伊豆半岛是一座大花园，一所大游乐场。就是说，伊豆半岛到处都具有大自然的惠赠，都富有美丽的变化。

如今，伊豆有三个入口：下田，三岛修善寺，热海。不管从哪里进去，首先迎迓你的，是堪称伊豆的乳汁和肌体的温泉。然而，由于选择的入口不同，你定会感到有三个各不相同的伊豆呢。

北面的修善寺和南面的下田这两条通道，在天城山口相会合。山北称外伊豆，属田方郡，山南称内伊豆，属贺茂郡。南北两面不仅植物种类和花期各异，而且山南的天空和海色,都洋溢着南国的气息。天城火山脉东西约四十四公里,南北约二十四公里,占据着半岛的三分之一。海面的黑潮从三面包围着半岛。这山,这海,便是给伊豆增添光彩的两大要素。倘若把茶花当作海岸边的花,那么,石楠花就是天城山上的花。山谷幽邃,原生林木森严茂密,使你很难想象这原是个小小的半岛。天城山是闻名的狩鹿的场所,只有翻过这座山峦,才能尝到伊豆旅情的滋味。

开往热海的火车时髦得很,称为"罗曼车"。情死是热海的名产。热海是伊豆的都会,它是在关东温泉之乡中富有现代特征的城市。倘若把修善寺称为历史上的温泉,那么,热海便是地理上的温泉。修善寺附近,清静,幽寂;热海附近,热烈,俏丽。伊豆到伊东一带的海岸线,令人想起南欧来,这里显示着伊豆明朗的容颜。同是南国风韵,伊豆的海岸线多像一曲素朴的牧歌啊。

伊豆有热海、伊东、修善寺和长冈四大温泉,共有二三十个喷口,仅伊东就有数百处泉流。这些都是玄岳火山、天城火山、猫越火山、达磨火山的遗迹。伊豆,是男性火山之国的代表。此外,热海的间歇泉,下贺茂峰的吹上温泉,拍击着半岛南端的石廊崎的巨涛,狩野川的洪水,海岸线的岩壁,茂盛的植物……所有这些,都带着男性的威力。

然而,各处涌流的泉水,使人联想起女乳的温暖和丰足,这种女性般的温暖与丰足,正是伊豆的生命。尽管田地极少,但这里有合作村,有无税町,有山珍海味,有饱享黑潮和日光馈赠,呈现着麦青肤色的温淑的女子。

铁路只有热海线和修善寺线,而且只通到伊豆的入口,在丹那线和伊豆环行线建成之前,这里的交通很是不便。代之而起的是四通八达的公共汽车。走在伊豆的旅途上,随时可以听到马车的笛韵和江湖艺人的歌唱。

主干道随着海滨和河畔延伸。有的由热海通向伊东，有的由下田通向东海岸，有的沿西海岸绵延开去，有的顺着狩野川畔直上天城山，再沿着海津川和逆川南下……温泉就散缀在这些公路的两旁。此外，由箱根到热海的山道，猫越的松崎道，由修善寺通向伊东的山道，所有这些山道，也都把伊豆当成了旅途中的乐园和画廊。

伊豆半岛西起骏河湾，东至相模湾，南北约五十九公里，东西最宽处约三十六公里，面积约四百零六平方公里，占静冈县的五分之一。面积虽小，但海岸线比起骏河、远江两地的总和还长。火山重叠，地形复杂，致使伊豆的风物极富于变化。

现在，人们都这么说，伊豆的长津吕是全日本气候最宜人的地方，整个半岛就像一个大花园。然而，在奈良时代，这里却是可怕的流放地。到源赖朝举兵时，才开始兴旺发达起来。幕府末期，曾一度有外国黑船侵入。这里的史迹不可胜数，其中有范赖、赖家遭受禁闭的修善寺，有堀越御所的遗址，有北条早云的韭山城等。

请不要忘记，自古以来，伊豆在日本造船史上，发挥着重大的作用，这正因为伊豆是大海和森林的故乡啊。

第九级

第十课

训练提示

《我的伊豆》是日本作家川端康成的一篇散文，文章抒写伊豆的自然风光，着力点不在于描绘伊豆景物的外在形貌，而是表现伊豆山海的内在神韵。朗读这篇散文，感受作者对故乡的热爱和思念之情。本文语言朴实，朗读时追求感情真挚，有感而发。

川端康成（1899—1972），日本文学界泰斗级人物，新感觉派作家，著名小说家，因《伊豆舞女》而成名。1968年以《雪国》《古都》《千只鹤》三部代表作获得诺贝尔文学奖，成为继泰戈尔和约瑟夫·阿格农之后亚洲第三位获得诺贝尔文学奖的人。

第十一课

一、形体语言表达训练

训练内容

听音乐，感受音乐中蕴含的情绪，进行形体表达。

参考曲目：《埃尔加大提琴协奏曲》

形体训练：沮丧、失落地跟随音乐节奏进行即兴形体表达。

训练提示

此曲完成于第一次世界大战后不久，其中包含了对战争浩劫的痛苦回忆与反思。主题决定了该作品的压抑基调。演奏者杰奎琳·杜普雷说，演奏这部作品时，"大提琴的音色听起来像是哭泣，每当听到这首曲子的慢板乐章，心总会被撕成碎片"。

1. 感受音乐情绪，谈一谈让你沮丧的事，后来又是如何面对的。

2. 注意与悲伤的情绪区分开，表现未达到目的时的沮丧、失落情绪。

二、情声气结合训练——朗读《道德经》

第二十二章

曲①则全②，枉③则直④，洼⑤则盈⑥，敝⑦则新⑧，少则得，多则惑⑨。是以圣人抱一为天下式⑩。不自见⑪，故明⑫；不自是，故彰⑬；不自伐⑭，故有功；不自矜⑮，故长⑯。夫唯不争，故天下莫能与之争。古之所谓"曲则全"者，岂虚言哉？诚全⑰而归之⑱。

【注释】①曲：委屈。②全：保全。③枉：受屈。④直：伸直。⑤洼：低洼。⑥盈：充满。⑦敝：破旧。⑧新：革新。⑨惑：困惑。⑩式：处世的方式。⑪见：通"现"，显现。⑫明：明智。

⑬彰：彰显。⑭伐：夸耀。⑮矜：骄傲，自负。⑯长：长久。⑰诚全：全心全意。⑱归之：回归大道。

【译文】委屈才能保全，受屈才能伸直，低洼才能充盈，破旧才能革新，少取才能多得，多了反而会困惑。所以，圣人执守返璞归真的大道作为行驰天下的处世方式。不自己显现，所以明智；不自以为是，所以能彰显；不自我夸耀，所以有功；不自负，所以能长久。处世者只有不争斗，天下才没有能与其争斗的对手。古者所说的"委屈就能保全"岂能是虚假的空话？是在全心全意引领大众回归大道。

第二十三章

希言自然①。故飘风不终朝②，骤雨不终日③。孰为此者？天地。天地尚不能久，而况人乎？故从事于道④者，同于道；德者，同于德；失⑤者，同于失。同于道者，道亦乐得之；同于德者，德亦乐得之；同于失者，失亦乐得之。

【注释】①希言自然：不言教令是符合自然规律的。②朝：早晨。③日：一整天。④道：自然规律。⑤失：失道失德。

【译文】不言教令是符合自然规律的。所以狂风刮不了一个早晨，暴雨下不了一整天。谁使它这样的？天地。天地尚且不能长久不变，更何况人呢？所以追随道的人，同于道；按德行事的人，同于德；失道失德的人，行为就同于失道失德。行为与道相同的人，道也容易接受他；行为与德相同的人，德也容易接受他；行为与失德之人相同的，失德之人也容易接受他。

三、朗诵训练

迟 暮

张爱玲

多事的东风,又冉冉地来到了人间,桃花支不住红艳的酡颜而醉倚在风姨的臂弯里,柳丝趁着这风力,俯下了腰肢,搔着行人的头发,成团的柳絮,好像春神足下坠下来的一朵朵轻云,结了队儿,模仿着二月间漫天舞出轻清的雪,飞入了处处帘栊。细草芊芊的绿茵上,沾濡了清明的酒气,遗下了游人的屐痕车迹。一切都兴奋到了极点,大概有些狂乱了吧?在这缤纷繁华目不暇接的春天!

只有一个孤独的影子,她,倚在栏杆上;她的眼,才从青春之梦里醒过来的眼还带着些朦胧睡意,望着这发狂似的世界,茫然地像不解这人生的谜。她是时代的落伍者了,在青年的温馨的世界中,她在无形中已被摈弃了,她再没有这种资格,这种心情,来追随那些站立时代前面的人们了!在甜梦初醒的时候,她所有的唯有空虚,怅惘;怅惘自己的黄金时代的遗失。

咳!苍苍者天,既已给予人们生命,赋予人们创造社会的青红,怎么又吝啬地只给我们仅仅十余年最可贵的稍纵即逝的创造时代呢?这样看起来,反而是朝生暮死的蝴蝶为可美了。它们在短短的一春里尽情地酣足地在花间飞舞,一旦春尽花残,便爽爽快快地殉着春光化去,好像它们一生只是为了酣舞与享乐而来的，倒要痛快些。像人类呢，青春如流水一般地长逝之后，数十载风雨绵绵的灰色生活又将怎样度过？

她，不自觉地已经坠入了暮年人的园地里，当一种暗示发现时，使人如何的难堪！而且，电影似的人生，又怎样能挣扎？尤其是她，十年前痛恨老年人的她！她曾经在海外壮游，在崇山峻岭上长啸，在冻港内滑冰，在广座里高谈。但现在呢？往事悠悠，当年的豪举都如烟云一般霏霏然地消散，寻不着一点的痕迹，她也唯有付之一叹，青年的容颜，盛气，都渐渐地消磨去了。

她怕见旧时的挚友。她改变了容貌，气质，无非添加他们或她们的惊异和窃议罢了。为了躲避，才来到这幽僻的一隅，而花，鸟，风，日，还要逗引她愁烦。她开始诅咒这逼人太甚的春光了……

灯光绿黯黯的，更显出夜半的苍凉。在暗室的一隅，发出一声声凄切凝重的磬声，和着轻轻的喃喃的模模糊糊的诵经声，"黄卷青灯，美人迟暮，千古一辙。"她心里千回百转地想，接着，一滴冷的泪珠流到冷的嘴唇上，封住了想说话又说不出的颤动着的口。

训练提示

《迟暮》是张爱玲13岁时写的一篇散文。其中少年的苍凉、笔力的老道，让人感慨：也只有张爱玲才有这样的天赋！一代才女佳人在容颜如花瓣凋零的瞬间发出"黄卷青灯，美人迟暮，千古一辙"的凄凉哀叹！人生如歌，生命作曲自己来谱词，悲喜剧全凭自己书写。朗读这篇散文，感受张爱玲少年时从青春梦幻中清醒过来的感叹，注意情声气的结合。

张爱玲（1920—1995），中国现代作家，原籍河北省唐山市，原名张煐。1920年9月30日出生在上海公共租界西区一座没落贵族府邸。

其作品主要有小说、散文、电影剧本以及文学论著，她的书信也常被人们作为著作的一部分加以研究。

第十二课

一、形体语言表达训练

训练内容

听音乐,感受音乐情绪,进行形体表达。

参考曲目:约翰·鲍威尔 Dark Phoenix's Tragedy

形体训练:震惊、惊讶地跟随音乐节奏进行即兴形体表达。

训练提示

1. 结合实际,谈谈你会对什么事感到惊讶。

2. 根据音乐节奏设计场景,表现遇到让人震惊事件后的形体动作。

二、情声气结合训练——朗读《道德经》

训练内容

第二十四章

企①者不立②,跨③者不行④。自见者,不明;自是者,不彰;自伐者,无功;自矜者,不长。其在道也,曰:"余食赘⑤行⑥,物⑦或⑧恶之⑨。"故有道者不处⑩。

【注释】①企：抬起脚后跟站着。②立：站立。③跨：两腿分在物体的两边坐着或立着。④行：行走。⑤赘：多余的，无用的。⑥行：携带物。⑦物：人物，指众人。⑧或：副词，都。⑨恶之：厌恶这些没用的。⑩处：指做没用的事。

【译文】抬起脚后跟的人不能久站，两腿分开跨着走路的人不能远行。自己显露，不明智；自以为是，不值得表彰；自己夸耀，没有功；自负的，不能长久。从道的观点来看，可以说："多余的食物、无用的携带物，众人都厌恶。"所以得道的人不做没用的事。

第二十五章

有物①混成②，先天地生③。寂④兮寥⑤兮，独立而不改⑥，周行而不殆⑦，可以为天地母⑧。吾不知其名，强字之曰"道"，强为之名曰"大"⑨。大曰"逝"⑩。逝曰"远"⑪，远曰"反"⑫。故道大，天大，地大，人亦大。域⑬中有四大，而人居其一焉。人法⑭地，地法天，天法道，道法自然。

【注释】①物：圣物。②混成：混沌而成。③生：存在。④寂：寂寞。⑤寥：空虚。⑥改：改变。⑦殆：停止。⑧母：指万物的创造者。⑨大：形容词，形容道无边无际，无所不包。⑩逝：离开本原。⑪远：遥远。⑫反：同"返"，返回，指回归心性。⑬域：自然。⑭法：效法。

【译文】有一圣物混沌而成，先于天地前就存在。寂寞啊空虚啊，独自存在而且永不改变，循环运行而且不会停止，这就是天地的创造者。我不知道这创造者的名字，就特意用一个字将它命名为"道"，又特意用"大"形容道。大又称为"逝"，逝又称为"远"，远又称为"反"。所以道大、天大、地大，人也大。自然中有"四大"，而人是首位的。人效法地，地效法天，天效法道，道效法自然。

三、朗诵训练

说和做

——记闻一多先生言行片段

臧克家

"人家说了再做，我是做了再说。"

"人家说了也不一定做，我是做了也不一定说。"

作为学者和诗人的闻一多先生，在30年代国立青岛大学的两年时间，我对他是有着深刻印象的。那时候，他已经诗兴不作而研究志趣正浓。他正向古代典籍钻探，有如向地壳寻求宝藏。仰之弥高，越高，攀得越起劲；钻之弥坚，越坚，钻得越锲而不舍。他想吃尽、消化尽我们中华民族几千年来的文化史，炯炯目光，一直远射到有史以前。他要给我们衰微的民族开一剂救济的文化药方。1930年到1932年，"望闻问切"也还只是在"望"的初级阶段。他从唐诗下手，目不窥园，足不下楼，兀兀穷年，沥尽心血。杜甫晚年，疏懒得"一月不梳头"。闻先生也总是头发零乱，他是无暇及此的。饭，几乎忘记了吃，他贪的是精神食粮；夜间睡得很少，为了研究，他惜寸阴、分阴。深宵灯火是他的伴侣，因它大开光明之路，"漂白了四壁"。

不动不响，无声无闻。一个又一个大的四方竹纸本子，写满了密密麻麻的小楷，如群蚁排衙。几年辛苦，凝结而成《唐诗杂论》的硕果。

他并没有先"说"，但他"做"了。做出了卓越的成绩。

"做"了，他自己也没有"说"。他又由唐诗转到楚辞。十年艰辛，一部"校补"赫然而出。别人在赞美，在惊叹，而闻一多先生个人呢，也没有"说"。他又向"古典新义"迈进了。他潜心贯注，心会神凝，成了"何妨一下楼"的主人。

做了再说，做了不说，这仅是闻一多先生的一个方面，作为学者的方面。

闻一多先生还有另外一个方面，作为革命家的方面。

这个方面，情况就迥乎不同，而且一反既往了。

作为争取民主的战士，青年运动的领导人，闻一多先生"说"了。起先，小声说，只有昆明的青年听得到；后来，声音越来越大，他向全国人民呼喊，叫人民起来，反对独裁，争取民主！

他在给我的信上说："此身别无长处，既然有一颗心，有一张嘴，讲话定要讲个痛快！"

他"说"了,跟着的是"做"。这不再是"做了再说"或"做了也不一定说"了。他"说"了就"做"。言论与行动完全一致,这是人格的写照,而且是以生命作为代价的。

1944年10月12日,他给了我一封信,最后一行说:"另函寄上油印物二张,代表我最近的工作之一,请传观。"

这是为争取民主,反对独裁,他起稿的一张政治传单!

在李公朴同志被害之后,警报迭起,形势紧张,明知凶多吉少,而闻先生大无畏地在群众大会上,大骂特务,慷慨淋漓,并指着这群败类说:你们站出来!你们站出来!

他"说"了。说得真痛快,动人心,鼓壮志,气冲斗牛,声震天地!

他"说"了:"我们要准备像李先生一样,前脚跨出大门,后脚就不准备再跨进大门。"

他"做"了,在情况紧急的生死关头,他走到游行示威队伍的前头,昂首挺胸,长须飘飘。他终于以宝贵的生命,实证了他的"言"和"行"。

闻一多先生,是卓越的学者,热情澎湃的优秀诗人,大勇的革命烈士。

他,是口的巨人。他,是行的高标。

训练提示

《说和做——记闻一多先生言行片段》是"农民诗人"臧克家的作品。这篇文章记叙了闻一多先生的主要事迹,表现了他的崇高品格,高度赞扬了他的革命精神。朗诵这篇文章,展现闻一多先生的崇高品格,在刻画人物形象时,一定要联系人物和时代背景,感受当时主人公所处情境。

臧克家（1905—2004），山东潍坊诸城人，曾用名臧瑗望，笔名少全、何嘉。山东大学知名校友，闻一多的学生，现代诗人。

闻一多（1899—1946），本名闻家骅，字友三，生于湖北省黄冈市浠水县，中国现代伟大的爱国主义者，坚定的民主战士，中国民主同盟早期领导人，新月派代表诗人和学者。

1912年考入清华大学留美预备学校。1916年开始在《清华周刊》上发表系列读书笔记。1925年3月在美国留学期间创作《七子之歌》。1928年1月出版第二部诗集《死水》。1932年闻一多离开青岛，回到母校清华大学任中文系教授。

1946年7月15日在云南昆明被国民党特务暗杀。

第十三课

一、形体语言表达训练

训练内容

听音乐，感受音乐情绪，进行形体表达。

参考曲目：陈悦《乱红》

形体训练：迷茫、踌躇地跟随音乐节奏进行形体表达。

训练提示

1. 听音乐，感受箫这种乐器的独特气质，说说你会为什么感到迷茫。

2. 在舞台上可徘徊可凝视，迅速跟随音乐进入情境。

二、情声气结合训练——朗读《道德经》

训练内容

第二十六章

重①为轻根②，静③为躁君④。是以君子终日行不离辎重⑤。虽有荣观⑥，燕处超然⑦。奈何万乘之主而以身⑧轻天下？轻则失根，躁则失君。

【注释】①重：稳重。②根：根本。③静：冷静。④君：主宰，控制。⑤辎重：四面有屏蔽的车。⑥荣观：荣耀的感觉。⑦燕处超然：安处其中而超然物外。⑧身：身份高贵。

【译文】稳重是轻率的根本，冷静是浮躁的主宰。君子整天外出不离开四面屏蔽的车辆。虽有荣耀的感觉，却安处其中而超然物外。所以有了万乘的人岂能因身份高贵而轻视天下？轻率就会失去根本，浮躁就会失去主动权。

第二十七章

善行，无辙迹①；善言，无瑕谪②；善计，不用筹策③；善闭，无关楗而不可开；善结，无绳约④而不可解。

是以圣人常善救人，故无弃人；常善救物，故无弃物。是谓"袭明"⑤。故善人者不善人之师，不善人者善人之资⑥。不贵其师，不爱其资，虽智大迷，是谓"要妙"⑦。

【注释】①辙迹：车辙的痕迹。②瑕谪：瑕疵，过失。③筹策：计算的筹码。④绳约：绳索。⑤袭明：明智的一种。明智有聪明、微明、袭明。⑥资：教导对象。⑦要妙：精深微妙。

【译文】善于行车的人，不留下车痕；善于言谈的人，没有瑕疵；善于计算的人，不用筹码；善于关门的人，没有门闩也打不开；善于捆绑的人，没有绳索也解不开。

因此，圣人善于救助他人，所以没有被抛弃的人；善于拯救万物，所以没有被抛弃的物。这就叫作"袭明"。因此，善人是不善人的老师，不善人是善人的学生。不尊重他的老师，不爱护他的学生，虽然自以为聪明，实则是最大的糊涂，这就是精深微妙的道理。

三、朗诵训练

你是人间的四月天

林徽因

我说你是人间的四月天；

笑响点亮了四面风；

轻灵在春的光艳中交舞着变。

你是四月早天里的云烟，

黄昏吹着风的软，

星子在无意中闪，

细雨点洒在花前。

那轻，那娉婷，你是，

鲜妍百花的冠冕你戴着，

你是天真，庄严，

你是夜夜的月圆。

雪化后那片鹅黄，你像；

新鲜初放芽的绿，你是；

柔嫩，喜悦，

水光浮动着你梦期待中白莲。

你是一树一树的花开，

是燕在梁间呢喃，

——你是爱，是暖，是希望，

你是人间的四月天！

训练提示

《你是人间的四月天》是民国时期诗人林徽因的经典诗作，作品将内容与形式完美地结合，将中国诗歌传统中的音乐感、绘画感与英国古典商籁体诗歌对韵律的追求完美地结合起来，是一首可以不断吟诵、不断生长出新意的天籁之作。朗诵本诗，感受在明快的节奏中以抽象的爱、暖、希望来比喻你心中的人。

林徽因（1904—1955），原名徽音，福建闽侯人，建筑师、作家、新月派诗人之一。她是中国第一位女性建筑学家，同时也被胡适誉为中国一代才女。这首诗发表于1934年4月的《学文》1卷1期上。关于这首诗有两种说法：一说是为悼念徐志摩而作，一说是为儿子的出生而作，以表达心中对儿子的希望以及儿子的出生带给她的喜悦。

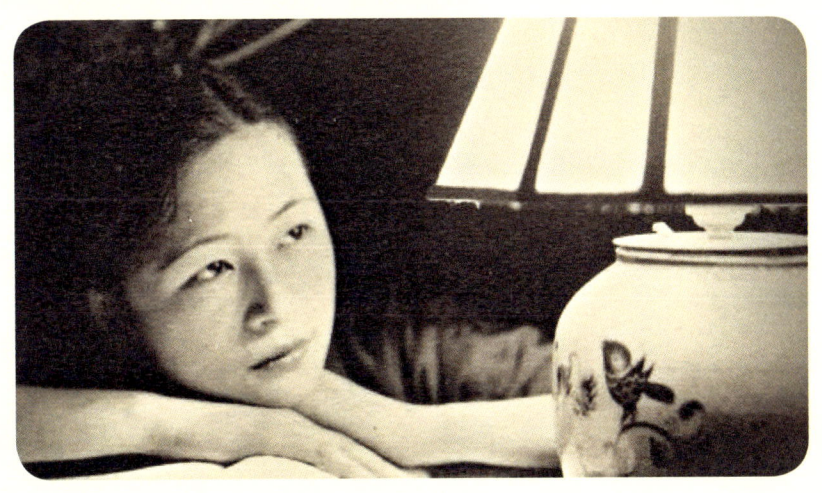

一、形体语言表达训练

训练内容

听音乐，感受音乐情绪，进行形体表达。

参考曲目： 卡米尔·圣-桑《骷髅之舞》

形体训练： 焦虑、烦躁地跟随音乐节奏进行即兴形体表达。

训练提示

交响诗《骷髅之舞》又名《死之舞》，完成于1874年，1875年在巴黎首次上演，是作者所作的四部交响诗中最负盛名的一部。

乐曲是根据法国诗人亨利·扎里斯的一首奇怪的诗写成的。乐曲旋律采用了中世纪末日审判的圣咏《愤怒的日子》的曲调，给人以阴阳怪气的感觉。起初音很弱,逐渐发展到全奏,好像聚集到墓地上的骷髅越来越多,舞跳得越来越热烈。

1. 每个人都有焦虑的时候,你在烦躁时通过什么发泄呢?
2. 听音乐,联系个人焦躁时的状态,通过形体语言表达出来。

二、情声气结合训练——朗诵《道德经》

第二十八章

知其雄,守其雌,为天下溪①。为天下溪,常德②不离③,复归于婴儿。知其白,守其辱④,为天下谷。为天下谷,常德乃足,复归于朴⑤。朴散则为器,圣人用之,则为官长⑥,故大制不割⑦。

【注释】①溪:溪涧。②常德:永恒的德。③离:脱离。④辱:污黑。⑤朴:质朴。⑥官长:众官的首领,即遵天命行天道的人,天子。⑦割:破坏,伤害。

【译文】深知自己雄强,却甘守雌柔,甘为天下的溪涧。甘为天下的溪涧,永恒的德不会离失,就能回到婴儿的纯真状态。

深知自己的洁白,却甘守污黑,甘为天下的空谷。甘为天下的空谷,永恒的德才得以充足,回到质朴的状态。

质朴的东西分散后又聚合为各种器具,圣人使用这些器具,就可以成为百官之长。所以说,完美的制度是不会伤害百姓的。

第二十九章

将欲取天下而为之，吾见其不得已。天下神器①，不可为也，不可执也②。为者败之，执者失之。是以圣人无为，故无败；无执，故无失③。夫物④，或行或随⑤，或歔或吹⑥，或强或羸⑦，或载或隳⑧。是以圣人去甚⑨，去奢⑩，去泰⑪。

【注释】①神器：神圣的东西。②执也：自己执有。③无失：不会丧失。④物：世上的可见物。⑤或行或随：要么奉献给别人要么随缘拥有。⑥或歔（xū）或吹：要么稍微保留要么全部舍掉。歔：呵气，指对世物的保留态度。吹：吹气，指对世物的舍去态度。⑦或强或羸（léi）：要么发展壮大要么逐渐缩小。⑧或载或隳（huī）：要么传承要么毁坏。⑨甚：过度。⑩奢：奢侈。⑪泰：过分。

【译文】想要争得天下而强行进行一番作为，我看这目的是达不到的。天下是神圣的东西，不可以按自我主观意志来作为，不可以为自己所执有。以自我主观意志来作为的人大业失败，用力把持的人就会失去天下。因此圣人从不妄自作为，所以不会失败；从不强行把持，所以不会丧失天下。世上的可见物，要么奉献给别人要么随缘拥有，要么稍微保留要么全部舍掉，要么发展壮大要么逐渐缩小，要么传承要么毁坏。因此圣人要去除过度，去除奢侈，去除过分。

三、朗诵训练

雪 夜

〔法〕莫泊桑

黄昏时分，纷纷扬扬地下了一天的雪，终于渐下渐止。沉沉夜幕下的大千世界，仿佛凝固了，一切生命都悄悄进入了睡乡。或近或远的山谷、平川、树林、村落……在雪光映照下，银装素裹，分外妖娆。这雪后初霁的夜晚，万籁俱寂，了无生气。

蓦地，从远处传来一阵凄厉的叫声，冲破这寒夜的寂静。那叫声，如泣如诉，若怒若怨，听来令人毛骨悚然！喔，是那条被主人放逐的老狗，在前村的篱畔哀叹自己的身世，还是在倾诉人类的寡情？

漫无涯际的旷野平畴，在白雪的覆盖下蜷缩起身子，好像连挣扎一下都不情愿的样子。那遍地的萋萋芳草，匆匆来去的游蜂浪蝶，如今都藏匿得无迹可寻，只有那几棵百年老树，依旧伸展着槎牙的秃枝，像是鬼影憧憧，又像那白骨森森，给雪后的夜色平添上几分悲凉、凄清。

茫茫太空，默然无语地注视着下界，越发显出它的莫测高深。雪层背后，月亮露出了灰白色脸庞，把冷冷的光洒向人间，使人更感到寒气袭人。和她做伴的，惟有寥寥的几点寒星，致使她也不免感叹这寒夜的落寞和凄冷。看，她的眼神是那样忧伤，她的步履又是那样迟缓！

渐渐地，月儿终于到达她的行程的终点，悄然隐没在旷野的边沿，剩下的只是一片青灰色的回光在天际荡漾。少顷，又见那神秘的鱼白色开始从东方蔓延，像撒开一幅轻柔的纱幕笼罩住整个大地。寒意更浓了。枝头的积雪都已在不知不觉间凝成了水晶般的冰凌。

啊，美景如画的夜晚，却是小鸟们恐怖颤栗、备受煎熬的时光！它们的羽毛沾湿了，小脚冻僵了；刺骨的寒风在林间往来驰突，肆虐逞威，把它们可怜的窝巢刮得左摇右晃；困倦的双眼刚刚合上，一阵阵寒冷又把它们惊醒……只得瑟瑟索索地颤着身子，打着寒噤，忧郁地注视着漫天皆白的原野，期待那漫漫未央的长夜早到尽头，换来一个充满希望之光的黎明。

训练提示

《雪夜》写于19世纪末，文章极力描写雪夜的凄冷，生动地描绘了一幅19世纪末期法国农村雪后初霁的景色图，一幅当时死一般沉寂的社会风景画。朗诵这篇文章，感受作者对当时社会现实的强烈不满、对社会复兴的热切企盼，对新生活的强烈渴望。

居伊·德·莫泊桑（1850—1893），19世纪后半叶法国批判现实主义作家，与俄国契诃夫和美国欧·亨利并称为"世界三大短篇小说巨匠"。代表作品有《项链》《羊脂球》《我的叔叔于勒》等。

第十五课

一、形体语言表达训练

训练内容

听音乐,感受音乐情绪,进行形体表达。

参考曲目: 安东·利奥波德·德沃夏克《第九"自新大陆"交响曲第四乐章》

形体训练: 勇敢、无畏地跟随音乐节奏进行即兴形体表达。

训练提示

安东·利奥波德·德沃夏克,19世纪著名作曲家之一,捷克民族乐派的主要代表人物。

1. 听音乐,讲讲你心目中的英雄是怎样的,你是如何理解勇敢的。

2. 结合自己对勇敢无畏的理解,设置场景进行即兴形体表演。

二、情声气结合训练——朗读《道德经》

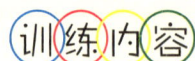

第三十章

以道佐①人主者，不以兵强②天下。其事好还③。师之所处，荆棘生焉。大军之后④，必有凶年⑤。善有果而已⑥，不敢以取强⑦。果而勿矜，果而勿伐，果而勿骄，果而不得已，果而勿强。物⑧壮则老，是谓不道。不道早已。

【注释】①佐：辅佐。②强：压迫。③还：还报，报还。④后：过后。⑤凶年：荒年。⑥已：停止。⑦强：逞强。⑧物：生命体。

【译文】以道辅佐国君的人，不用军队压迫天下。用兵很快就会遭到报还。军队所到之处，荆棘就生长出来了。大战过后一定会有荒年。作战有好的结果就该停止了，不敢用武力来逞强。有了战果却不自负，有了战果却不夸耀，有了战果却不骄傲，有了战果却是出于迫不得已，有了战果却不逞强。生命体过度强壮就会提前衰老，因为这不符合道。不符合道就会提前消亡。

第三十一章

夫兵者，不祥之器，物或恶之①，故有道者不处。君子居则贵左，用兵则贵右。兵者不祥之器，非君子之器，不得已而用之，恬淡为上②。胜而不美，而美之者，是乐杀人。夫乐杀人者，则不可得志于天下矣。吉事尚左，凶事尚右。偏将军居左，上将军居右，言③以丧礼处之。杀人之众，以悲哀泣之；战胜，以丧礼处之。

【注释】①物或恶之：众人都厌恶它。②恬淡为上：适可而止为上策。③言：因为。

【译文】兵器，是不祥的器具，众人都厌恶它，所以有道的人不喜欢与它打交道。君子平常以左为贵，用兵时以右为贵。兵器是不吉祥的器具，不是君子常用的器具，只有迫不得已才使用，适可而止方为上策。君子胜利了却不自鸣得意，而为胜利自鸣得意的人喜欢杀人。喜欢杀人的人是得不到天下人心的。在吉庆的礼仪上以左为贵，在凶丧的礼仪上以右为上。偏将军在左，上将军在右，是因为用兵打仗要用凶丧的礼仪处理。死伤很多，要为战死者哭泣追悼；战争胜利，也要用丧礼去纪念战死者。

三、朗诵训练

未选择的路

〔美〕罗伯特·弗罗斯特

黄色的林子里有两条路，

很遗憾我无法同时选择两者，
身在旅途的我久久站立，
对着其中一条极目眺望，
直到它蜿蜒拐进远处的树丛。

我选择了另外的一条，天经地义，
也许更为诱人，
因为它充满荆棘，需要开拓；
然而这样的路过
并未引起太大的改变。

那天清晨这两条小路一起静卧在
无人踩过的树叶丛中。
哦，我把另一条路留给了明天！
明知路连着路，
我不知是否该回头。

我将轻轻叹息，叙述这一切，
许多许多年以后：
林子里有两条路，我——
选择了行人稀少的那一条，
它改变了我的一生。

训练提示

《未选择的路》是美国诗人罗伯特·弗罗斯特创作的文学作品。这首深邃的哲理诗展现了现实生活中人们处在十字路口时难以抉择的心情。朗诵这首诗，感受面对选择时的心情，注意诗歌四个部分的心理变化，注意情声气结合。

罗伯特·弗罗斯特（1874—1963）是20世纪最受欢迎的美国诗人之一。他曾当过新英格兰的鞋匠、教师和农场主。他的诗歌从农村生活中汲取题材，与19世纪的诗人有很多共同之处，相比之下，缺少现代派气息。他曾获得4次普利策奖和许多其他的奖励及荣誉，被称为"美国文学中的桂冠诗人"。

第十六课

一、形体语言表达训练

训练内容

听音乐，感受音乐情绪，进行形体表达。

参考曲目：西村由纪江《手纸》

形体训练：认可、信赖地跟随音乐节奏进行即兴形体表达。

训练提示

西村由纪江，日本当代女钢琴家及作曲家。西村由纪江的作品旋律优美，配合她灵巧娴熟的演奏技巧及清新的风格，带给聆听者宁静舒畅的感觉。

1. 想一想当面对一个你信赖或者认可的人时,你的感觉是什么?说说你信赖、认可的人或事。

2. 设置情景,将信赖、认可的感觉通过形体语言表达出来。

二、情声气结合训练——朗读《道德经》

第三十二章

通常无名,朴。①虽小,天下莫能臣。②侯王者能守之,万物将自宾③。

天地相合,以降甘露,民莫之令而自均④。

始制有名⑤,名亦既有,夫亦将知止,知止可以不殆⑥。譬道之在天下,犹川谷之于江海。⑦

【注释】①通常无名,朴:道永远无名,处于质朴的状态。②虽小,天下莫能臣:道虽然隐微,天下却没有谁能使它服从自己。③自宾:自己归顺。④民莫之令而自均:百姓不需号令就能自动分配均匀。⑤始制有名:万物出现后,才产生了各种名称。⑥知止可以不殆:知道界限就没有危险。止,禁止,界限。不殆,没有危险。⑦此为倒文。当以"川谷"喻"天下",以"江海"喻"道"。

【译文】道永远无名,处于质朴的状态。它虽然隐微,天下却没有谁能使它服从自己。侯王如果坚守道,万物将会自己归从于他。

天地阴阳相交合，就降下甘露，百姓不需号令就能自动分配均匀。

万物出现后，就产生了各种名称，名称既然有了，也就知道各自的界限，知道界限就没有危险。就譬如道之于天下的关系，好像江海之于川谷的关系一样。

第三十三章

知人者智，自知者明。
胜人者有力，自胜者强。
知足者富。
强行者①有志。
不失其所者②久。
死而不亡者③寿。

【注释】①强行者：顽强坚持的人。②不失其所者：不失根本的人。③死而不亡者：身死而精神不亡的人。

【译文】能识别他人的人可谓智慧，能了解自己的人可谓聪明。

能战胜他人的人称为有力，能战胜自己的人称为刚强。

知道满足就是富有。

顽强坚持的人叫作有志。

不失根本的人就能长久。

身死而精神不亡的人才算长寿。

三、朗诵训练

珍珠鸟

冯骥才

真好！朋友送我一对珍珠鸟。放在一个简易的竹条编成的笼子里，笼内还有一卷干草，那是小鸟儿舒适又温暖的巢。

有人说，这是一种怕人的鸟。

我把它挂在窗前。那儿还有一大盆异常茂盛的法国吊兰。我便用吊兰长长的、串生着小绿叶的垂蔓蒙盖在鸟笼上，它们就像躲进深幽的丛林一样安全；从中传出的笛儿般又细又亮的叫声，也就格外轻松自在了。

阳光从窗外射入，透过这里，吊兰那些无数指甲状的小叶，一半成了黑影，一半被照透，如同碧玉，斑斑驳驳，生意葱茏。小鸟的影子就在这中间隐约闪动，看不完整，有时连笼子也看不出，却见它们可爱的鲜红小嘴儿从绿叶中伸出来。我很少扒开叶蔓瞧它们，它们便渐渐敢伸出小脑袋瞅瞅我。我们就这样一点点熟悉了。三个月后，那一团越发繁茂的绿蔓里边，发出一种尖细又娇嫩的鸣叫。我猜到，是它们有了雏儿。我呢，决不掀开叶片往里看，连添食加水时也不睁大好奇的眼去惊动它们。过不多久，忽然有一个更小的脑袋从叶间探出来。哟，雏儿！正是这小家伙！

它小，就能轻易地由疏格的笼子钻出身。瞧，多么像它的父母：红嘴红脚，灰蓝色的毛，只是后背还没生出珍珠似的圆圆的白点；它好肥，整个身子好像一个蓬松的球儿。

起先，这小家伙只在笼子四周活动，随后就在屋里飞来飞去，一会儿落在柜顶上，一会儿神气十足地站在书架上，啄着书背上那些大文豪的名字，一会儿把灯绳撞得来回摇动，跟着逃到画框上去了。只要大鸟儿在笼里生气地叫一声，它立即飞回笼里去。

我不管它。这样久了，打开窗子，它最多只在窗框上站一会儿，决不飞出去。

渐渐地它胆子大了，就落在我的书桌上。

它先是离我较远，见我不去伤害它，便一点点挨近，然后蹦到我的杯子上，俯下头来喝茶，再偏过脸瞧瞧我的反应。我只是微微一笑，依旧写东西，它就放开胆子跑到稿纸上，绕着我的笔尖蹦来蹦去；跳动的小红爪子在纸上发出"嚓嚓"响。

我不动声色地写，默默享受着这小家伙亲近的情意。这样，它完全放心了，索性用那涂了蜡似的、角质的小红嘴，"嗒嗒"啄着我颤动的笔尖。我用手抚一抚它细腻的绒毛，它也不怕，反而友好地啄两下我的手指。

白天，它这样淘气地陪伴我；天色入暮，它就在父母再三的呼唤声中，飞向笼子，扭动滚圆的身子，挤开那些绿叶钻进去。

有一天，我伏案写作时，它居然落到我的肩上。我手中的笔不觉停了，生怕惊跑它。待一会儿，扭头看，这小家伙竟趴在我的肩头睡着了，银灰色的眼睑盖住眸子，小红脚刚好给胸脯上长长的绒毛盖住。我轻轻抬一抬肩，它没醒，睡得好熟！还咂咂嘴，难道在做梦？

我笔尖一动，流泻下一时的感受：

信赖，往往创造出美好的境界。

训练提示

《珍珠鸟》这篇文章通过对珍珠鸟的种种描述，把人的性灵赋予了无知的小鸟，用爱心营造了人鸟和谐共处的氛围，领悟到人和动物是完全能和谐相处的。文章中这种满溢着爱意的描写非常多，作者用轻盈活泼、疏密有致的笔触为我们精心勾勒了珍珠鸟的形象，谱写了一曲人与动物之间的爱的颂歌。"信赖，往往创造出美好的境界。"朗诵这篇散文，感受人与动物之间的信赖，注意表现出对珍珠鸟的细节刻画和方位变化。

冯骥才，当代著名作家、文学家、艺术家。早年在天津从事绘画工作，后专职于文学创作和民间文化研究，大力推动了很多民间文化的保护宣传工作，创作了大量优秀散文、小说和绘画作品，是"伤痕文学"代表作家，1985年后以"文化反思小说"对文坛产生深远影响。

一、形体语言表达训练

训练目的

听音乐，感受音乐情绪，进行形体表达。

参考曲目：《渔樵问答》

形体训练：潇洒超脱地跟随音乐节奏进行即兴形体表达。

训练提示

《渔樵问答》是一首中国古琴名曲，为中国十大古曲之一。《琴学初津》云此曲："曲意深长，神情洒脱，而山之巍巍，水之洋洋，斧伐之丁丁，橹声之欸乃，隐隐现于指下。"由于音乐形象准确、生动，因此几百年来在琴家中广为流传。此曲优美清逸，以对答式的旋律，描写渔夫与樵夫的对话。

1. 想一想身边潇洒的人，他们是如何做到的，谈谈你对潇洒超脱的理解。

2. 结合个人经历，用"潇洒超脱"为主题进行形体表达，注意不是模仿醉酒者。

二、情声气结合训练——朗读《道德经》

第三十四章

大道氾①兮，其可左右②。万物恃③之以生而不辞④，功成而不有⑤。衣被万物而不为主⑥，可名于"小"；万物归焉而不为主，可名为"大"。以其终不自为大，故能成其大。

【注释】①氾（fàn）：同"泛"，广泛。②左右：左右万物。③恃：依赖。④辞：推辞。⑤有：占有。⑥主：主宰。

【译文】大道广泛啊，可以左右万物。万物依赖大道而生长，然而大道却不会自居有功，功业成就了也不据为己有。它虽覆盖万物然而却不主宰，可以称它为"小"；万物虽归顺它，它却不会成为主宰者，可以称它为"大"。因为一直不自以为大，所以才能成就它的大。

第三十五章

执大象①,天下往。往而不害②,安平泰③。乐与饵④,过客止。道之出口,淡乎其无味,视之不足见⑤,听之不足闻⑥,用之不足既⑦。

【注释】①象:同"相",指相之道。②害:损害。③平泰:和平安宁。④乐与饵:音乐和美食。⑤见:看见。⑥闻:听见。⑦既:尽,完了,用过。

【译文】执大道,与天下人来往。来往却不损害别人,就会和平安宁。音乐和美食,吸引路过的人停下脚步。道从口中阐述出来,平淡得没有味道,看它看不着,听它听不到,用它却用不尽。

三、朗诵训练

第一场雪

峻青

前天,气象台发布了西伯利亚来的寒流即将南下的消息;昨天,强大的冷空气就侵入了胶东半岛。

前些天还暖和得如同阳春三月,昨天清早,天气骤然变冷,空中布满了铅色的阴云,中午,凛冽的寒风刮起来了,呼呼地刮了整整一个下午。黄昏时分风停了,就下起雪来。这是入冬以来的第一场雪。

开始下雪时还伴着小雨,不久就只见鹅毛般的雪花,从彤云密布的天空中飘落下来,地上一会儿就白了。冬天的山村到了夜里格外寂静,只听见雪花簌簌地不断下落。偶尔咯

吱一声响,树木的枯枝被积雪压断了。

大雪整整下了一夜。早晨,天放晴了,太阳出来了。推开门一看,嗬!好大的雪啊!山川、树木、房屋,全部罩上了一层厚厚的雪,万里江山变成了粉妆玉砌的世界。落光叶子的柳树上,挂满了毛茸茸、亮晶晶的银条儿;冬夏常青的松树和柏树,堆满了蓬松松、沉甸甸的雪球。一阵风吹来,树枝轻轻地摇晃,银条儿和雪球儿簌簌地落下来,玉屑似的雪末儿随风飘扬,映着清晨的阳光,显出一道道五光十色的彩虹。

大街上的积雪有一尺多深,脚踩上去发出咯吱咯吱的响声。一群群孩子在雪地里堆雪人,掷雪球。

俗话说,"瑞雪兆丰年"。这并不是迷信,有着充分的科学根据。寒冬大雪可以冻死一部分越冬的害虫;雪水渗进土层深处,又能供应庄稼生长的需要。这场大雪十分及时,一定会给明年的小麦带来丰收。有经验的老农把雪比作是"麦子的棉被",冬天"棉被"盖得越厚,春天麦子就长得越好。所以又有这样一句谚语:"冬天麦盖三层被,来年枕着馒头睡。"

我想:这就是人们为什么把及时的大雪称为"瑞雪"的道理吧。

训练提示

本文选自著名作家峻青的作品集《秋色赋》,原题为《瑞雪》,写于1960—1962年,正是我国遭受严重自然灾害时期,当时棉粮歉收,人们多么希望能有个好收成啊。作者在胶东半岛看到入冬以来第一场大雪时,联想到"瑞雪兆丰年",心里无比喜悦,写下这篇散文。

第十八课

一、形体语言表达训练

训练内容

听音乐，感受音乐情绪，进行形体表达。

参考曲目：老约翰·施特劳斯《拉德斯基进行曲》

形体训练：热情洋溢地跟随音乐节奏进行即兴形体表达。

训练提示

《拉德斯基进行曲》作于1848年，是奥地利作曲家老约翰·施特劳斯的代表作，经常作为通俗的管弦乐音乐会的最后一首曲目。著名的维也纳新年音乐会每年都以这首曲子作为结束曲，并成为一种传统。

1. 这部乐曲你听过吗？在什么场合？什么场景？

2. 和欢快开心的情绪区分开，使用热情洋溢的形体表达方式来表现，可设置场景，多人互动。

二、情声气结合训练——朗读《道德经》

第三十六章

将欲歙①之，必固张②之；将欲弱之，必固强之；将欲废之，必固举之；将欲取之，必固与之。是谓"微明"③。柔弱胜刚强。鱼不可脱于渊④，国之利器不可以示人⑤。

【注释】①歙（xī）：收敛。②张：扩张。③微明：起于微而成于显明，指微妙而显明的道理。④渊：深水。⑤人：天下人。

【译文】准备收敛它，必然先扩张它；准备削弱它，必然先使它强盛；准备废除它，必然先举荐它；准备取走它，必然先给予它。这就是看似微妙而又十分明显的道理。柔弱胜过刚强。鱼不可以脱离深水，国家的锐利武器不可以展示给天下人。

第三十七章

道常无为①而无不为。侯王若能守之，万物将自化②。化而欲作③，吾将镇之以无名之朴④。镇之以无名之朴，夫亦将不欲。不欲以静，天下将自正⑤。

【注释】①无为：顺其自然，不妄为。②化：生长变化。③作：出现，兴起。④无名之朴：即"道"。三十二章云："道常无名，朴。"⑤自正：自然归于安定。

【译文】道常常都是顺应自然的，因而能够无所不为。侯王如果能执守住道，万物就会自己生长变化。生长变化时如果出现了私心贪欲，我就用道的真朴来压制它。用道来压制，贪欲就会消停。贪欲消停就趋于平静，天下将自然归复于安定。

三、朗诵训练

热爱生命

汪国真

我不去想，
是否能够成功，
既然选择了远方，
便只顾风雨兼程。
我不去想，
能否赢得爱情，
既然钟情于玫瑰，
就勇敢地吐露真诚。
我不去想，
身后会不会袭来寒风冷雨，
既然目标是地平线，
留给世界的只能是背影。
我不去想，
未来是平坦还是泥泞，
只要热爱生命，
一切，都在意料之中。

训练提示

《热爱生命》是汪国真所作的诗歌，整首诗表达了对生命、生活和一切有意义的事的热爱，以及对于生命的不屈服、不退缩、勇敢面对的精神。朗诵作品，感受生命的力量。

汪国真，诗人，祖籍福建厦门，1956年生于北京。1990年出版首本诗集《年轻的潮》，其后陆续出版《年轻的风》《年轻的思绪》《年轻的潇洒》等诗集，并有多种《汪国真诗文集》出版，掀起流行阅读风潮。其诗集发行量创有新诗以来诗集发行量之最，时称"汪国真现象"。汪国真的诗作，强调意象和对个人理想的追求，对安抚人们的心灵起到很大的作用。

测评内容与要求

朗诵表演系列九级测评

1. 指定播放训练材料中18种情绪音乐的一段曲目,考生完成形体语言表达。

要求:表情、肢体伴随音乐起伏,变化自然、灵动,有表现力。

2. 指定朗读《道德经》片段,并结合生活实例谈谈自己的理解,限时2分钟。

要求:体态自信舒展,语言清晰畅达。

3. 从第9级朗诵训练材料中自选一篇中外经典名篇进行朗诵。

要求:感受真切、语气贴切,有表现力、感染力,体态自然大方。

后　记

人类的每一次进步，都离不开语言开路。近年来，教育部力推素质教育，改进美育教学，在中小学语文教材中增加了朗读和理解课文内容的练习，这是贯彻落实党的教育方针的重要措施。

中央电视台《朗读者》《开讲了》等语言类节目的热播也助推了社会对朗读和演讲的关注度的提高，越来越多的家庭开始重视孩子语言表达能力的培养和塑造。好口才成就好未来，"青少年语言表演艺术"丛书可以说是应运而生。这套丛书包含播音主持和朗诵表演两个系列，每个系列5本书。

丛书编写和出版过程得到了中国传媒大学出版社、中国传媒大学远程与继续教育学部的支持和帮助，感谢辛苦付出的同仁朋友们。

感谢本套丛书编写者。播音主持系列：1—3级由胡铖铖编写，4—6级由韩杰编写，7—8级由韩杰编写，第9级由李金泽编写，第10级由牟茗涵编写。朗诵表演系列：1—3级由范晨晨编写，4—6级由牟茗涵编写，7—8级由迟茜编写，第9级、第10级由王新宇编写。

在丛书编写过程中，由于条件所限，书中部分所选作品和图片，未能直接与相关作者取得联系。如有作者在本书中发现自己的作品，请与我们联系。我们的联系方式是：yuyanbyys@163.com，我们将按照著作权相关规定支付稿酬。

图书在版编目（CIP）数据

青少年语言表演艺术朗诵表演系列第9级/全国青少年语言表演艺术测评中心编. ——北京：中国传媒大学出版社,2019.4（2019.11重印）

（青少年语言表演艺术丛书）

ISBN 978-7-5657-2396-4

Ⅰ.①青… Ⅱ.①全… Ⅲ.①朗诵—语言艺术—教材 Ⅳ.①H019

中国版本图书馆CIP数据核字（2018）第212263号

青少年语言表演艺术 朗诵表演系列第9级

QINGSHAONIAN YUYAN BIAOYAN YISHU LANGSONG BIAOYAN XILIE DI-9 JI

编　　者	全国青少年语言表演艺术测评中心
丛书策划	王雁来
责任编辑	王雁来
责任印制	李志鹏
封扉设计	王淑君
出版发行	中国传媒大学出版社
社　　址	北京市朝阳区定福庄东街1号　邮编：100024
电　　话	86-10-65450528　65450532　传真：65779405
网　　址	http://cucp.cuc.edu.cn
经　　销	全国新华书店
印　　刷	北京中科印刷有限公司
开　　本	787mm×1092mm　1/16
印　　张	7.25
字　　数	81千字
版　　次	2019年4月第1版
印　　次	2019年11月第2次印刷
书　　号	ISBN 978-7-5657-2396-4/H·2396　　定　价　42.00元

版权所有　　翻印必究　　印装错误　　负责调换

绿色印刷 保护环境 爱护健康

亲爱的读者朋友：

　　本书已入选"北京市绿色印刷工程——优秀出版物绿色印刷示范项目"。它采用绿色印刷标准印制，在封底印有"绿色印刷产品"标志。

　　按照国家环境标准（HJ2503-2011）《环境标志产品技术要求 印刷 第一部分：平版印刷》，本书选用环保型纸张、油墨、胶水等原辅材料，生产过程注重节能减排，印刷产品符合人体健康要求。

　　选择绿色印刷图书，畅享环保健康阅读！

北京市绿色印刷工程